Renan Tavares
(organizador)

ENTRE COXIAS E RECREIOS

Recortes da produção carioca
sobre o ensino do teatro

YENDIS

Copyright © 2006 Yendis Editora Ltda.
Todos os direitos reservados. Proibida a reprodução, mesmo parcial, por qualquer processo, sem a autorização escrita da Editora.

Editor: Maxwell M. Fernandes
Coordenação editorial: Anna Yue
Assistente editorial: Wellington Santos
Diagramação: Joelmir Gonçalves
Projeto gráfico: Equipe Yendis
Preparação de texto: Maria Renata Seixas
Revisão de português: Gabriela Trevisan
Capa: Eduardo Bertolini
Imagem de capa: iStockphoto.com / Jonenjan

Dados Internacionais de Catalogação na Publicação (CIP)
(Câmara Brasileira do Livro, SP, Brasil)

Entre coxias e recreios : recortes da produção carioca sobre o ensino do teatro / organizador Renan Tavares. -- São Caetano do Sul, SP : Yendis Editora, 2006.

Bibliografia.
ISBN 85-98859-42-7

1. Teatro - Estudo e ensino - Rio de Janeiro (RJ) I. Tavares, Renan.

06-0605   CDD-792.07081531

Índices para catálogo sistemático:
1. Teatro : Ensino : Produção carioca : Arte   792.07081531

Impresso no Brasil
Printed in Brazil

Yendis Editora
Av. Guido Aliberti, 3069 – São Caetano do Sul – SP
Tel./Fax: (11) 4224-9400
yendis@yendis.com.br
www.yendis.com.br

Nota Preliminar

Dez autores/pensadores reunidos em um só livro.
Falam de suas pesquisas e de suas vivências.
São dez olhares distintos
que se entrelaçam a partir da ótica escolhida.
O que os torna tão próximos?
O que os une em um só pensamento?
O que os faz tão necessários?
O que cada um que os ler poderá
transformar em sua prática de ensino?
Deixarei as respostas para que você,
prezado leitor, escolha as suas.
Só tenho a acrescentar que Entre coxias e recreios
é leitura indispensável para todos aqueles que pensam,
respiram e refletem sobre o teatro e sobre a vida.

Silvia Aderne
Arte-educadora e atriz
Diretora do grupo Hombu
de Teatro Infanto-juvenil

Sobre os Autores

Adilson Florentino

Doutorando em Teatro pela UNIRIO;
Mestre em Educação pela Universidade do Estado do Rio de Janeiro (UERJ);
Professor da Escola de Teatro da UNIRIO.

Alessandra Vannucci

Doutora em Letras pela Pontifícia Universidade Católica do Rio de Janeiro (PUC-RJ);
Licenciada em Dramaturgia pela Universidade de Bologna;
Mestre em Teatro pela UNIRIO.

André Brilhante

Mestre em Teatro pela UNIRIO;
Professor de Artes Cênicas das Redes Municipal e Estadual de Ensino do Rio de Janeiro;
Diretor geral da Companhia Preto no Branco (CPB).

André Luiz Porfiro

Mestre em Teatro pela UNIRIO;
Especialista em Altas Habilidades (Desenvolvimento da Criatividade);
Professor de Artes Cênicas da Rede Municipal de Ensino do Rio de Janeiro.

Carmela Soares

Mestre em Teatro pela UNIRIO;
Psicóloga, atriz e professora do curso de Licenciatura da Escola de Teatro da UNIRIO.

Geraldo Salvador de Araújo (falecido em 2001)

Doutor em Artes Cênicas pela Escola de Comunicação e Artes da Universidade de São Paulo (ECA-USP);
Ex-professor de Artes Cênicas do Colégio de Aplicação da Universidade Federal do Rio de Janeiro (UFRJ).

Heloisa de Toledo Machado

Docteur en Etudes Théâtrales – Université de Paris III Sorbonne Nouvelle;
Doutora em Comunicação pela UFRJ;
Professora do Departamento de Cinema e Vídeo da Universidade Federal Fluminense (UFF).

Recortes da Produção Carioca sobre o Ensino do Teatro

LILIANE FERREIRA MUNDIM

Mestre em Teatro pela UNIRIO;
Coordenadora dos professores de Teatro da Rede Municipal de Ensino do Rio de Janeiro.
Professora de Teatro do Núcleo de Arte Av. dos Desfiles – Sambódromo.

NARCISO TELLES

Mestre e Doutorando em Teatro pela UNIRIO;
Professor do Curso de Educação Artística – Habilitação em Artes Cênicas – Universidade Federal de Uberlândia (UFU);
Ator.

RENAN TAVARES

Docteur en Etudes Théâtrales – Université de Paris III Sorbonne Nouvelle;
Mestre e Doutor em Comunicação pela UFRJ;
Professor da Escola de Enfermagem Alfredo Pinto da Universidade Federal do Estado do Rio de Janeiro (EEAP-UNIRIO).

Sumário

De Mosaicos e Leitores XI

Apresentação XV

A Peça Didática e o Ensino do Teatro 1
Geraldo Salvador de Araújo

Eugênio Kusnet (ou uma Pedagogia
do Teatro) 13
Heloisa de Toledo Machado

O Autor da Criação Coletiva em Teatro
na Década de 1970 23
Renan Tavares

O Presente do Jogo 43
Alessandra Vannucci

Teatralidade e a Pedagogia do Ator
Horizontal 55
Narciso Telles

O Conhecimento em Jogo no Teatro
para Crianças   77
André Brilhante

Teatro e Educação na Escola Pública:
Uma Situação de Jogo   97
Carmela Soares

A Alfabetização Cênica – Um Percurso
Metodológico no Ensino do Teatro   113
André Luiz Porfiro

Teatro-Educação e Vygotsky – Pressupostos
e Práticas da Psicologia Socioistórica na
Educação Estética   133
Adilson Florentino

Caminhos Possíveis para o Ensino do
Teatro   157
Liliane Ferreira Mundim

DE MOSAICOS E LEITORES

Maria Lúcia de Souza Barros Pupo

Diante da tarefa de elaborar um mosaico, o artesão experimenta diferentes maneiras de encaixar as peças à sua disposição. Cores, formas, tamanhos e texturas se alternam ou se combinam como categorias norteadoras do critério a ser adotado para fazer emergir uma configuração que o satisfaça.

Desafio parecido está à espera de quem mergulhar nas próximas páginas. Diferentes formatos e múltiplos coloridos caracterizam os recortes que desfilam diante do leitor. Mosaicos os mais diversos podem ser concebidos a partir deles.

Seguindo os passos do artesão que instaura uma organização que é a sua, daquele momento, a partir de um material dessemelhante, aí vão algumas considerações oriundas de um olhar pessoal sobre a contribuição dos autores deste trabalho.

A apropriação do teatro por parte de pessoas de diferentes idades, em diferentes contextos é o eixo em torno do qual estão dispostos os artigos aqui presentes.

Nessa perspectiva, homens e grupos teatrais que, de algum modo, dentro de seu fazer artístico, pensaram a questão, são aqui trazidos à tona. Bertolt Brecht e Constatin Stanislavski, pivôs, por assim dizer do próprio conceito de pedagogia do teatro, gestado no século que acaba de se encerrar, lançam bases sólidas a partir das quais práticas fecundas vêm sendo concebidas. Brecht se faz presente através da problematização do caráter aparentemente imutável das relações sociais e do exercício do diálogo viabilizado pelo exercício de suas peças didáticas. No que diz respeito à importância da leitura de Stanislavski no Brasil, o exame da atuação de Eugênio Kusnet aqui presente é, sem dúvida, uma referência marcante, pela repercussão de seu trabalho de formação do ator entre nós.

Entre os grupos que vêm fazendo a história do nosso teatro, são convocados por nossos autores alguns daqueles cujo desempenho – direta ou indiretamente – aponta perspectivas que possam alimentar relações de ensino/aprendizagem. Assim, nos detemos na trajetória de coletivos tão diversos como o *Teatro Oficina*, o *Asdrúbal Trouxe o Trombone* e o *Tá na Rua*, na expectativa de apreender como as opções estéticas que os orientam podem ser pensadas para além deles e eventualmente subsidiar a reflexão pedagógica necessária à nossa atuação, hoje.

Um elemento comum a tais coletivos é aqui objeto de atenção; trata-se da noção de jogo, central na cena contemporânea. A prática de Jean-Pierre Ryngaert é a escolhida para uma análise verticalizada sobre a coordenação de oficinas de caráter lúdico.

Quando se fala em ensino de teatro no Brasil, sem dúvida a instituição escolar vem imediatamente à tona com toda a sua relevância. Coração do projeto democrático, é dentro dela que milhares de crianças e jovens terão a oportunidade – na maioria dos casos, oportunidade única – de apreender a natureza do teatro, experimentando-o na qualidade de quem o faz, de quem o assiste ou, melhor ainda, em ambas. Assim sendo, vários dos artigos deste livro contribuem para que o leitor amplie sua óptica em relação às práticas teatrais dentro do contexto escolar. A inserção do teatro na rede pública municipal do Rio de Janeiro, reconhecida em todo o país pelas proporções e pelo progressivo enraizamento, é amplamente destacada, com ênfase na formação continuada dos professores responsáveis.

Os desafios da prática cotidiana de pesquisadores cujas investigações estão vinculadas a instituições públicas de Ensino Fundamental são discutidos em dois textos. Um deles diz respeito àquilo que sua autora denomina *poética do efêmero*, ou seja, tece considerações sobre as sutis conquistas proporcionadas pela aprendizagem teatral em ambientes escolares marcados por múltiplas perplexidades e interrogações. O outro ressalta a pertinência de um projeto no qual histórias correntes nos bairros dos alunos são evocadas, destacando através delas a importância da construção dramatúrgica dentro da criação cênica. Dentro de um prisma de caráter mais teórico, elementos relativos às análises de Vygotsky acerca do processo educacional são ressaltados por outro autor, tendo em vista o estabelecimento de relações entre aquelas idéias e o ensino do teatro. Objeto de uma atenção particular nestas páginas, o tema da inserção do teatro dentro do currículo do Ensino Fundamental cobre um terreno complexo, para o qual a nossa mobilização é tão urgente quanto relevante.

Um último artigo traz à tona o tema do teatro voltado à infância, levantando questões sobre os vínculos entre conhecimento e prazer que ele pode suscitar.

Pontos de vista variados, projetos artísticos ou educacionais com diferentes matizes se dão a conhecer dentro do enquadramento que justifica sua reunião: o fato de se vincularem de um ou outro modo à cidade do Rio de Janeiro. O título que atraiu o leitor, *Entre coxias e recreios: recortes da produção carioca sobre o ensino de teatro* sem dúvida consiste um primeiro fio condutor para que ele apreenda a colagem que se dá a conhecer.

A contigüidade de linhas, volumes e cores que acaba de ser descrita, é uma proposta de configuração que, a partir deste momento já pode ser reformulada pelo leitor. Ao efetuar deslocamentos e combinações outras entre as peças, gerando portanto novos mosaicos, ele estará respondendo ao convite implícito para estruturar uma organização sua, ou, em outras palavras, para imprimir a marca de sua autoria em meio ao material de origem.

Assim sendo, boa leitura e mãos à obra.

Apresentação

Renan Tavares

A pesquisa acadêmica em teatro e educação, no Rio de Janeiro, remonta aos anos de 1980. Pesquisadores interessados nessa área específica procuraram realizar mestrado e doutorado fora do país e na Universidade de São Paulo – USP, ou ingressaram em programas de Pós-graduação destinados a áreas afins nas universidades do Rio. Posteriormente, tiveram seus projetos de pesquisa aceitos, com raras exceções, pelo programa de Pós-graduação em Teatro da Universidade Federal do Estado do Rio de Janeiro – UNIRIO, que, a partir de 2000, com a criação da Área de Concentração em Teatro e Educação, passou a acolher mais amplamente projetos voltados para a referida pesquisa acadêmica.

O livro *Entre coxias e recreios: recortes da produção carioca sobre o ensino do teatro* apresenta um panorama regional e recortado da produção acadêmica carioca, como primeira tentativa de publicação específica nessa área, reunindo pesquisadores e estudantes de pós-graduação que vivem ou estão morando temporariamente no Rio de Janeiro. Esse recorte foi considerado pertinente como forma de registro e divulgação de um olhar e um dizer que possam contribuir para o estudo, a pesquisa e o ensino de graduação e pós-graduação, ao lado de outras publicações originárias de outras cidades e estados do Brasil.

À homenagem ao saudoso Geraldo Salvador de Araújo, ex-professor do Colégio de Aplicação da UFRJ, através de sua reflexão sobre a peça didática de B. Brecht e o ensino do teatro, seguem-se estudos sobre a pedagogia de Eugênio Kusnet, sobre as metodologias de criação coletiva do texto dramático do Grupo Oficina Brasil e do Asdrúbal Trouxe o Trombone, sobre uma experiência prática do jogo do ator com Jean-Pierre Ryngaert e, finalmente, sobre a pedagogia do ator desenvolvida no Grupo Tá na Rua. Por meio desse conjunto de reflexões sobre o ensino do teatro em relação ao fazer teatral propriamente dito, o livro *Entre coxias e recreios: recortes da produção carioca sobre o ensino do teatro* se abre para refletir a respeito do ensino de teatro na Escola a partir de um pensar cuja referência central é a pedagogia teatral; nesse ponto, três professores da Rede Municipal de Ensino do Rio de Janeiro têm, então, direito à palavra. Para fechar o livro, são apresentadas ainda duas importantes contribuições para o ensino do teatro no Rio de Janeiro: a presença de Vygotsky no Curso de Licenciatura em Educação Artística – Habilitação Artes Cênicas da UNIRIO e o Projeto de Extensão Núcleos de Arte da Secretaria Municipal de Educação do Rio de Janeiro, que se destinam, muito particularmente, aos estudantes universitários e aos alunos do Ensino Fundamental, respectivamente.

Recortes da Produção Carioca sobre o Ensino do Teatro

Organizar uma obra coletiva tem sido uma prática bastante recorrente junto aos diferentes grupos de pesquisa no Brasil e, assim, tomamos a decisão de lançar mão dessa estratégia não só para dar início à divulgação da produção acadêmica em ensino do teatro no Rio de Janeiro, como também para verificar seu impacto, a fim de, se possível, dar continuidade a essa empreitada, concedendo a palavra a tantos outros pesquisadores que, por ora, não foram, por diferentes razões, contemplados nesta primeira publicação.

"Sonho que se sonha só é só um sonho que se sonha só, mas sonho que se sonha junto é realidade." E só foi possível tornar este sonho realidade com o empenho e o compromisso de três professores/pesquisadores que teimaram em me seduzir a dar continuidade a uma velha idéia durante todo o último verão. Entre blocos de rua e escolas de samba, no último carnaval, fiquei bebericando algumas batidas estimulantes para entrar no jogo deles, até que, com o início das atividades do ano de 2005, me vi completamente engajado no projeto de uma obra coletiva com um perfil carioca sobre o que muito gostamos de realizar no universo da educação: teatro. A organização desta obra é, portanto, fruto de uma conquista coletiva, cuja participação individual, particular e precisa de Narciso Telles, Adilson Florentino e Liliane Mundim foi fundamental e imprescindível. A eles, meus mais sinceros agradecimentos. Agradeço ainda à Professora Doutora Nébia Maria de Almeida Figueiredo, que acreditou em nosso sonho, o manteve constantemente vivo e nos indicou o caminho para fazê-lo tornar-se realidade.

A Peça Didática e o Ensino do Teatro

Geraldo Salvador de Araújo

Para que possamos apreciar a importância da Peça Didática no ensino de teatro nas escolas regulares, faz-se necessário tomar conhecimento da proposição brechtiana para um novo teatro ou, como propunha o dramaturgo, a busca do teatro do futuro.

Historicamente, isso se dá no final dos anos de 1920, ganhando consistência na década seguinte, mais precisamente no final da República de Weimar e início do fascismo alemão. Esse quadro político-institucional da nação alemã foi responsável pelo surgimento de uma maneira de pensar que, em bases existenciais, contribuiu para a discussão da tendência evolutiva da arte e do papel que ela deveria representar naqueles novos tempos.

Em 1972, um estudo teórico-filológico de mapeamento da teoria da Peça Didática, realizado por Reiner Steinweg, ao resultar na obra *Das Lehrstück, Brechts Theorie einer politisch-ästhetischen Erziehung*, reuniu e elaborou criticamente o material existente no *Brecht Archiv* referente à Peça Didática. Em texto anterior, *Das Lehrstück – ein Modell des sozialistischen Theaters* (Berlin, 1971. In Koudela, 1991), Steinweg apresenta a tese de que [...] não a peça épica de espetáculo, mas sim a Peça Didática conduz a um modelo de ensino-aprendizagem que aponta para um Teatro do Futuro (Koudela, 1991).

A importância do trabalho de Steinweg para o ensino-aprendizagem reside no fato de que, até então, a Peça Didática, vista como um produto impreciso, imaturo e contraditório na dramaturgia brechtiana, surge como fundamento de uma prática pedagógica e teatral.

O resultado dos estudos e pesquisas de Steinweg trouxe à tona, com maior exatidão, a maneira como se deu, que desdobramentos processou e, finalmente, que conseqüências trouxe à cena teatral a atitude do dramaturgo alemão ao exigir do espectador que não mais se mantivesse impassível diante das normas de produção então existentes, desenvolvidas e veiculadas por meio dos *aparatus*[1].

Vale dizer que Brecht questionava não só a ação dos *aparatus* – a forma com que o valor da produção artística era difundido por esses meios de comunicação –, mas também queria tornar evidente a contradição que existia na prática destes mesmos aparatus. Havia, em outras palavras, uma discrepância entre discurso e prática, fazendo com que os meios de produção, monopolizados, tornassem a obra de arte uma mercadoria. Isso, certamente, pôs em perigo a liberdade de criar, produzir e realizar o trabalho artístico. O dramaturgo entendia o trabalho artístico como produção. Essa questão

---

[1] Referia-se à *mídia* (rádio, cinema e teatro).

A Peça Didática e o Ensino do Teatro

– muito presente nos dias de hoje –, na época fez com que Brecht investisse contra ela. Com relação ao teatro, a resposta do dramaturgo veio por meio da decisão de colocar em prática suas idéias de um novo teatro, propondo uma troca de função para o teatro até então existente.

A *Funkionswechsel*, ou troca de função, contraposta pelo dramaturgo à forma de produção utilizada até o momento no teatro tradicional, ao término da República de Weimar, fazia-se necessária. Segundo Brecht,

> *[...] a nova produção dramática estabelecia exigências para o espectador. O interesse científico por um público produtivo, que não fosse apenas constituído de compradores casuais, mas que ocorressem ao teatro como massa "organizada" e "teatralizada" – participante da comunicação político-estética, era uma premissa problemática para uma recepção favorável às novas peças.*
> (Brecht. In Koudela, 1991: 11)

Segundo o dramaturgo, a mídia teria que funcionar em favor do interesse da maioria, se quisesse transformar ouvintes passivos em produtores ativos, que não apenas ouvem – são ensinados –, como também falam – ensinam.

Eis aqui, assentadas, as bases da proposta pedagógica político-estética brechtiana. Da mesma forma, também se pode afirmar que estão aqui definidas as linhas mestras do que Brecht queria dizer, ao expor sua idéia, por *teatro do futuro*. Em tese: de uma nova visão e de um novo *modus operandi* da relação palco-platéia, estaria surgindo uma nova forma de aprendizagem.

Assim, a Peça Didática brechtiana é um instrumento pedagógico, uma vez que põe à disposição do participante a construção de uma consciência crítica enquanto mecanismo de percepção da realidade. Por meio do experimento com a Peça Didática, o indivíduo exercita essa consciência, momento em que não somente avalia a si próprio, mas também, no jogo dialético e, ao mobilizar a discussão, torna possível problematizar tudo aquilo que, na aparente condição de estável, duradouro e óbvio, carece de um olhar mais objetivo. O jogo dialético, proposto pelo experimento com a Peça Didática, promove transformações e mudanças a partir de uma prática social permanente. Essa prática, exercida no cotidiano, deve ser reflexo de um processo dialético constante, resultado do amálgama de ações de interesses coletivos, sem que tenha havido expropriação das necessidades individuais.

Jamais se pensou no desenvolvimento ou na preparação do educando para a vida exercitando a linguagem dos signos teatrais a partir do experimento, da investigação. Esse processo, presente em estudos e pesquisas recentes que tratam do teatro nas escolas, tem-nos dado conta de que as situações do cotidiano, quando levadas à cena com intuito educacional, precisam ser problematizadas. Precisam ser historicizadas ou, na concepção da proposta brechtiana, "estranhadas". Vale dizer que

> *[...] estranhar um acontecimento ou um caráter significa, preliminarmente, retirar do acontecimento ou do caráter aquilo que parece óbvio, o conhecido, o natural, e lançar sobre ele o espanto e a curiosidade.*
> (Brecht. In Lobo, 1998)

Dessa citação emerge o aperfeiçoamento da percepção estética. A partir daí, entende-se que a Peça Didática poderia servir à construção de princípios educacionais que, por seus fundamentos, viriam fazer frente aos *aparatus* instrumentais e ideológicos da época presente da mesma forma que nos instrumentalizariam para saber lidar com os aspectos mágicos da atualidade que, ao subvertê-la, nos impõem "verdades".

Sendo assim, a proposta aqui apresentada é que o professor, ao preparar seu trabalho pedagógico, introduza nessa construção três elementos constitutivos, básicos e essenciais, que nesse método é a estrutura conceitual para um aperfeiçoamento metodológico na ação educacional.

De pronto, pode-se destacar como o primeiro desses elementos o dialogismo. Essa categoria permitirá que, na prática do diálogo não haja um saber preponderante, mas o aperfeiçoamento e/ou enriquecimento de um saber pautado tanto na troca de significados e experiências trazidos ao espaço de trabalho, como em um consenso entre diferentes culturas e grupos sociais – o coletivo – sobre esse repertório que, em última análise, vem a ser aquilo que o educando traz como referencial de seu meio.

Em outras palavras, também se poderia dizer que, nesses significados, estão introduzidas especificidades de diferentes regiões do país, com suas localizações históricas, onde a escola se instala. Da mesma forma e por extensão ao meio circundante, deve-se observar, em sala de aula, características peculiares a cada grupo de alunos. Logo, será exigida do professor a capacidade de elaborar uma pedagogia adequada às especificidades por ele encontradas no cenário de seu trabalho diário, de maneira que sua proposta de ação educacional não peque pela ausência de elementos relevantes.

A compreensão e o prestígio dados ao diálogo, quando aplicados ao ensino do teatro na educação, significam, portanto, desenvolver uma metodologia pedagógica por meio de uma ação teatral, na qual a aprendizagem se faça sem distinções ou coerções. Ou seja, sem que haja a intenção de se mudar o sentido da proposta de trabalho posta aos educandos. Ou ainda, na busca de uma melhor explicitação, dizer que se deveria exercer uma práxis que não desvirtuasse a essência do processo de aprendizagem. E a essência desse processo estaria assentada na razão comunicativa, tendo, no contraponto, a crítica à lógica da razão instrumental.

Nesse processo dialógico, requer-se o experimento da construção/desconstrução das relações sociais que estão presentes no dia-a-dia e que se interpõem na prática da vida diária aos interesses individuais e coletivos. Vale dizer que na sala de aula deve haver um fazer e um refazer das condições necessárias para que, aos educandos, seja possível mostrar voz e presença ativas.

A rigor, essa intervenção educativa-experimental tem por meta traçar a convergência para uma relação sujeito-sujeito, entendida como essencial para o desenvolvimento dos indivíduos com reflexos evidentes no aperfeiçoamento do social, base da evolução de toda a sociedade.

Com relação ao segundo elemento constitutivo dos fundamentos teóricos, deve-se fazer referência à dimensão que a contribuição estética empresta ao processo dialógico de ensino-aprendizagem em teatro na educação, quando, ao

A Peça Didática e o Ensino do Teatro

focalizar a tessitura das relações sociais ora existentes e ao subverter e transgredir as estruturas do *status quo*, propõe, no experimento das ações da vida diária, um *constructum* que nos leva da contestação à reflexão sobre a realidade social padronizada, mecanizada, visando assim à transcendência do tempo presente para um horizonte de mudanças. Utopia? Sim. Mas, se as dissonâncias forem bem trabalhadas, pode-se antever o horizonte de convicções, hoje recheado de possibilidades, se tiver visão, vontade e determinação de fazer acontecer. Esse caminho e suas possibilidades surgirão, objetivamente, do rumo que se der à historicização da problemática social e das relações entre os homens.

Com isso e por isso, a construção da forma estética na *práxis* do teatro na educação possibilita a redefinição de uma política emancipatória do *socius*, permitindo-lhe desde a escolha do estilo de vida até do tipo de sociedade que deseja. Não é possível trabalhar a reflexão do educando sobre o cotidiano, sem o concurso da apreciação estética da realidade contida, como já explicado, nos atos e fatos do dia-a-dia.

A apreciação estética da realidade e das relações sociais entre os homens, que aí ocorrem, não pode prescindir de um juízo estético, logo, de um apuro de gosto estético. Evidentemente isso não se refere ao gosto pelas obras de arte, mas também e principalmente à evolução das faculdades do conhecimento humano que, educado esteticamente, saberá fazer escolhas e ser seletivo no seu cotidiano, nas suas relações de âmbito inter e supra-subjetivas, assim como aperfeiçoar cada vez mais sua condição de cidadão e nunca ceder a estímulos que subtraiam o gosto estético de sua consciência.

Há dúvidas quanto à importância da estética na educação? Então, vamos apreciá-la em atos e fatos de nossa vida diária, em breve advertência, porém, insofismável:

> *[...] A gente se acostuma a acordar de manhã sobressaltado, porque está na hora. A tomar o café correndo, porque está atrasado. A ler o jornal no ônibus, porque não pode perder o tempo da viagem. A comer sanduíche, porque não dá para almoçar. A sair do trabalho, porque já é noite. A cochilar no ônibus, porque está cansado. A deitar cedo e dormir pesado sem ter vivido o dia. A gente se acostuma a coisas demais, para não sofrer. A gente se acostuma para poupar a vida. Que aos poucos se gasta, e que, gasta de tanto acostumar, se perdeu de si mesma.* (Colassanti)

Quanto ao último dos elementos constitutivos e para que se encerre a estrutura de fundamentos básicos à metodologia, deve-se registrar a importância e a ênfase nas experiências provenientes do cotidiano dos atores envolvidos no processo de ensino-aprendizagem. Isso significa que deve ser levada ao experimento a imitação crítica de atitudes, comportamentos e *gestus* sociais destacados das relações que ocorrem entre os homens, inseridos em suas localizações históricas, em seus territórios e especificidades.

Nesse ponto é preciso, de imediato, informar que, no trato com a realidade do educando por meio da ação teatral, não necessariamente se está falando de métodos de trabalho desenvolvidos em épocas passadas, em que simplesmente se tomava um texto ou notícia de jornal, dando a ele uma configuração dramática, muitas vezes, transpondo-se diálogos/narrativas à notícia e mantendo-se, literalmente, a estória ou o fato ocorrido, *ipsis litteris*, quando da representação.

Ora, isso é um subterfúgio primário para se escamotear a ênfase no espetacular, enquanto característica de um teatro convencional ou de produção, que não está interessado em expor as contradições de nossa ordem social, mas apenas em divertir. Não existe a finalidade essencial do experimento de realidade com vistas à imitação crítica, que desencadearia um processo dialógico efetivo de exame da realidade ou do cotidiano posto em cena e, muito menos, qualquer vestígio de apreciação estética pelo educando.

Para se ficar com esse mesmo exemplo, poder-se-ia dizer que um texto ou fragmento de texto ganharia outra dimensão se sobre ele tivesse sido desenvolvido, *a priori*, a prática de jogos teatrais. Isso teria proporcionado aos atores/jogadores o experimento de inúmeras possibilidades de significados que estariam embutidos no texto. Em outras palavras, dissecaria-se o texto, levando-o para além do fato meramente relatado, permitindo releituras, enriquecendo o experimento e ampliando a percepção do educando sobre o cotidiano diante da ampla variedade de inter-relações, complexidades e contradições que, a rigor, não estão postas na simples leitura da narrativa e, muito menos, na sua representação inconseqüente.

Diante do exposto, cabe destacar o leque de possibilidades colocadas à disposição do professor de Artes Cênicas ante a realidade multicultural de um país como o nosso. Basta lembrar que nossa cultura popular dispõe de recursos, como os mais variados folguedos populares, brincadeiras, cantorias, literatura de cordel, mamulengos e outros mais de domínio regional, que constituem excelentes instrumentos para a abordagem de uma pedagogia social para o teatro na educação.

Para finalizar, cabe ressaltar a atualidade do pensamento interventor brechtiano, afirmando que o dramaturgo repõe, no âmbito educacional, a dialética homem-existência. Enquanto professores de Artes Cênicas e na condição de *praticantes reflexivos*, parafraseando Giroux, cumpre-nos desvelar o cotidiano e o território onde hoje se encontram traços condensados e definidores de uma pós-modernidade que Lyotard configura como plena de jogos de linguagem. Afinal, esse território traz as marcas da individualização, do consumismo e da publicidade que invade nossos lares e espaços de vida, investe na estetização de objetos de consumo, exalta a erotização e prestigia, com intensidade cada vez maior, a personalização das mercadorias. O tempo presente, sem qualquer contraposição, impõe-nos um signo, fruto de uma realidade que se institucionalizou, porque assim o quisemos. Por conseguinte, irônica e contraditoriamente, transformou-se o cotidiano na vivência imediata de simulacros, de efemeridades, em suma, em fragmentos de existência.

Portanto, não é por acaso, mas sim pela atualidade do pensamento interventor brechtiano, que o dramaturgo concebia a ação teatral, segundo Fredric Jameson, como sendo "[...] a imagem exata do coletivo e de um tipo de sociedade: aquela na qual as questões clássicas e os dilemas da filosofia política podem ser estranhados e repensados" (Jameson, 1999).

Diante dessa perspectiva, insistimos em afirmar que o ensino do teatro nas escolas brasileiras não pode prescindir do caráter de formação do indivíduo – para que este, consciente de seu papel, tanto possa quebrar com o modelo hegemônico de *gestus*, atitudes e comportamentos que fundamentam e corporificam ações que o próprio homem, coagido, ajuda a construir, quanto saber equilibrar e harmonizar práticas que favoreçam o desenvolvimento das interações sociais, a evolução da sociedade. Isso, no entanto, não deve pressupor quaisquer prejuízos à sua emancipação e à dos demais.

BIBLIOGRAFIA

ARAÚJO, G. S. *Teatro na educação:* o espaço de construção da consciência político-estética. Tese (Doutorado). Escola de Comunicação e Artes da Universidade de São Paulo – ECA/USP, São Paulo, 1999.
JAMESON, F. *O Método Brecht.* Tradução de Maria Silvia Betti. Rio de Janeiro: Vozes, 1999.
KOUDELA, I. B. *Brecht: um jogo de aprendizagem.* Edusp. São Paulo: Perspectiva, 1991.

Eugênio Kusnet (ou uma Pedagogia do Teatro)*

Heloisa de Toledo Machado

Para começar a falar de Kusnet, seria necessário, primeiramente, delimitar o território de sua ação, dentro do qual nós seremos, então, obrigados a nos manter. Esse território, na verdade, estrutura-se como uma espécie de desterritorialidade, onde vemos possibilidades de deslocamento: do centro para as bordas, as margens, e destas em direção a novos centros, talvez descentralizados. A ação de Kusnet deslocava o espaço da direção teatral e também do jogo do ator em direção a novas extensões, ainda não nomeadas, conseqüentemente, quase indefiníveis. Kusnet não era encenador. No entanto, fez algumas encenações. Mas sua contribuição mais importante para o teatro brasileiro não se encontra aqui, ainda mais porque ele, por várias vezes, declarou seu desinteresse pela encenação. O que lhe interessava era outra coisa e unicamente isso: o ator.

---

* Artigo originalmente publicado em *Le Siecle Stanislavski*. Org. Lew Bogdan. Paris, Ed. Bouffonneries, 1989. [Tradução: Viridiana Machado Iavelberg e Heloisa T. Machado.]

Ele foi, então, levado a criar um novo território de enunciação, onde seu discurso podia ser ouvido.

No Brasil, o cargo, o espaço e o território da direção de ator foram descobertos por ele. Isso pode causar discussões, pois o problema de "descobertas" ou "descobrimentos" em todos os campos é controverso, pois as idéias são constantemente retomadas e inventar o novo é sempre uma ilusão. O importante é verificar o poder de ação de um fato para que seja medido, do ponto de vista qualitativo e não quantitativo, como elemento significativo de um movimento dentro da História. E, aqui, pode-se afirmar que, no Brasil, as pesquisas sobre o jogo do ator encontraram uma de suas mais altas expressões no trabalho de Kusnet.

Foi com ele que o sistema stanislavskiano, já existente dentro do discurso do ator brasileiro, pôde se desenvolver como metodologia estruturada, cuja função era dar ao ator uma articulação do material utilizado na hora da criação. Foi, sem dúvida, também com ele que o pensamento de Stanislavski encontrou um campo de ressonância onde seus princípios seriam guardados, embora elaborados de uma outra forma. Kusnet reconheceu em Stanislavski uma linha de conduta dentro da qual sempre quis se manter e a partir da qual decidiu criar.

Mas ele não foi, no entanto, estritamente fiel. Muito pelo contrário, soube marcar com personalidade sua atividade teatral e elaborou um método próprio. Soube, portanto, sincronizar o discurso de Stanislavski, dando ao sistema a possibilidade de assumir conotações novas, próprias a um outro momento e a um outro espaço, impedindo-o assim

Eugênio Kusnet (ou uma Pedagogia do Teatro)

de correr os riscos do anacronismo. E soube também trair suficientemente o sistema, com toda irreverência que isso implica quando estamos no cone sul do planeta, no Brasil, de maneira a torná-lo presente lá onde ele queria evocá-lo: em uma espécie de brasilidade muito contemporânea e talvez mais cosmopolita.

Porém, uma base constante do pensamento stanislavskiano o acompanhou sempre, o que me permite dizer que, se nós temos, no Brasil, um segmento teatral e quase uma espécie de raciocínio artístico que podem ser reconhecidos como sendo a continuidade de uma herança essencialmente stanislavskiana, isso deve ser identificado principalmente em Kusnet.

Além de uma função na história da trajetória de Stanislavski no Brasil, na qual é bem evidente a importância capital de muitos outros encenadores e professores, acredito que a função de Kusnet se destaca por inscrever-se no território específico da técnica, o mesmo aliás em que Stanislavski era mais pedagogo e menos encenador. Kusnet trouxe, pela primeira vez, ao Brasil, um conjunto de ferramentas organizadas metodologicamente que permitiam ao ator ser autônomo. E, se outros métodos de formação do ator foram criados no Brasil, o de Kusnet é o único que se diz essencialmente stanislavskiano e se identifica como tal. É a associação desses dois dados, a criação de um método organizado somada à persistência de colocar-se no domínio do raciocínio stanislavskiano, que distingue o trabalho de Kusnet e o torna único.

Podemos considerá-lo stanislavskiano sobretudo por causa da preocupação de querer conferir ao ator essa autonomia criadora capaz de lhe fazer assumir uma função central na criação do espetáculo. E é como ator, diretor de atores e professor de interpretação que ele tenta chegar a isso, trabalhando para deslocar as margens em direção ao centro, ou seja, deslocar o território no qual se inscreve a linguagem do jogo dramático em direção a uma nova noção de centro, onde se impõe uma nova maneira de considerar o fenômeno teatral.

A noção propriamente dita de diretor de atores, e a maneira como ele a exerceu criam-nos, logo de início, um problema de avaliação histórica muito mais complexo do que poderia parecer. Quando queremos historiar o teatro, não podemos esquecer que este é uma multiplicidade de sistemas de significações decorrentes de diferentes linguagens. A qual, então, devemos nos referir? Existe uma história da literatura dramática, uma história da encenação, uma história das artes plásticas do espetáculo e uma história do jogo do ator. Kusnet é objeto de estudo desta última e é por ele que, no Brasil, esse território começa a ser definido. Kusnet fez uso do que chamamos de Sistema, diferente de Stanislavski, para ajudar na elaboração de um outro sistema, que se apresenta como um conjunto coerente de signos, uma linguagem. E, se o próprio teatro procura definições de seu sistema de significação e se o signo teatral por si só é difícil de ser identificado devido ao fato de ser esse conjunto de sistemas, ainda mais complexa é a tarefa de definir o sistema de significação do jogo dramático, uma vez visto de forma isolada. É, talvez, por meio da técnica que um local de enunciação particular começa a ver suas possibilidades de identificação.

Digamos que a técnica seja a maneira, o modo de agir e de abordar o material com o qual o artista se expressa. Técnica é sistema, já que se compõe de unidades articuladas de maneira específica por intermédio de um código. A noção de técnica parece-me essencial na arte contemporânea, na medida em que ela é processo e, hoje, mais do que ver os resultados, o que conta é olharmos o percurso, o avesso, como já foi dito por Maryvonne Saison em uma obra dedicada à técnica de improvisação e no Brasil, também por Mário de Andrade, em seu livro *O Banquete*, ao demonstrar a importância da técnica como princípio estrutural da criação, capaz até de lhe trazer uma conotação ideológica.

Então, se tentarmos olhar Kusnet através da História, ou a História através de Kusnet, poderíamos dizer que seu papel foi determinante justamente por ter provocado esse novo movimento, o qual desencadeou um determinado tipo de discurso e uma certa perspectiva técnica na interpretação do ator brasileiro.

Focalizando fatos e movimentos concretos da História capazes de esclarecer a contribuição de Kusnet para a prática do Teatro Brasileiro, é necessário resumir seu percurso ressaltando que, por uma espécie de sensibilidade histórica, ele esteve presente nos momentos mais significativos do teatro brasileiro, dito moderno.

De origem russa, ele emigrou para o Brasil no fim dos anos de 1920. Aqui chegando, abandonou rapidamente o teatro para voltar somente vinte anos depois, no TBC – Teatro Brasileiro de Comédia – com seu amigo Ziembinski, que lhe deu a certeza de que um teatro de equipe estava nascendo no Brasil. Mais tarde, aderiu à jovem trupe do Arena e realizou, ao lado de Gianfrancesco Guarnièri, um dos espetáculos mais importantes dessa companhia. Em seguida, aderiu a outra jovem trupe, o Teatro Oficina, e, mais uma vez ele esteve presente em muitos momentos marcantes da história do teatro brasileiro, dentre os quais se destaca *Os Pequenos Burgueses*, de Gorki, encenado por José Celso Martinez Correa, que se tornou um dos pontos culminantes da interpretação no Brasil. Nesse teatro, do qual nunca se desligou completamente, Kusnet foi professor de interpretação da trupe e criou um estúdio, à maneira de Stanislavski, no qual seu método começou a ser desenvolvido.

Nesse ponto, porém, deve-se mencionar sua personalidade, pois é na sua atitude pessoal perante o teatro, o trabalho e o próximo que verificamos, em parte, a explicação de linha de conduta, muito ética, capaz de nos mostrar o sentido de sua ação, o que é muito stanislavskiano.

Desde o início, Kusnet tinha o hábito de ajudar, orientar e, mais tarde, ensinar verdadeiramente os atores. E ele ensinava o tempo todo, durante ensaios e aulas. Nele, muitas vezes, o pedagogo estava mais presente que o ator. Kusnet se colocou então em um território novo, ambíguo: ele não assinou todas as suas interferências, contudo, elas existem.

Mais tarde, Kusnet começou a dar aulas em escolas diversas, a dirigir atores e a difundir seu método no teatro brasileiro. Cada vez mais, os atores dirigiam-se a ele, chamavam-no, procuravam-no, pediam para serem ajudados quando uma dificuldade aparecia na hora da criação do personagem e, muitas vezes, em particular, fora do ambiente de trabalho. O território de sua ação no movimento do teatro brasileiro é, nesse caso, não especificado, novo, informal. Ele estava

Eugênio Kusnet (ou uma Pedagogia do Teatro)

um pouco por todos os lados, por trás da criação dos outros: uma espécie de "eminência parda", de treinador, cuja ação era "clandestina" e a modéstia, evidente e necessária. Para ele, o importante era o ator; seu projeto punha-se fora de sua existência individual. Mas a História possui sua lógica e pede-nos agora para evocá-la a fim de desvendar os vestígios de sua intervenção. Isso nos obriga a vê-lo não somente como o grande ator que foi, como professor e como autor de livros, mas como o precursor de um discurso e de um procedimento metodológico; como o criador de um território, de um local insólito e muito contemporâneo; como inovador, visto que ele deslocou uma noção de centro convencional em direção a um ponto onde somos obrigados a nos desfazer de alguns procedimentos tradicionais de avaliação histórica e nos curvar sobre um novo objeto: a história do Jogo do Ator.

Seu caráter inovador, no entanto, não se limita a isso, em sua função histórica, pois, como pedagogo e pesquisador do sistema stanislavskiano, Kusnet nos propôs uma técnica igualmente nova, cuja abertura estrutural denuncia sua atualidade. Essa técnica é o Método da Análise Ativa. É necessário dizer que foi no fim de sua vida, em meados dos anos de 1970, depois de uma viagem de estudos à extinta União Soviética, em 1968, quando já praticamente não interpretava mais para se consagrar ao ensino, que começou a elaborar esse método novo, bem diferente daquele empregado anteriormente. Os princípios da Análise Ativa, extraídos do Método das Ações Físicas, de Stanislavski, foram-lhe revelados pelo livro *Toda a vida*, de Maria Knabel, citado por Kusnet (1975). A partir desses dados e partindo exclusivamente de improvisações, ele começou uma pesquisa sobre a ação física e a ação analítica, ou análise ativa, do personagem. A análise ativa, da forma como Kusnet a desenvolveu, propõe-nos uma técnica aberta, inacabada, móvel, que solicita ao ator assumir sua autonomia enquanto protagonista da ação, fazendo-o escolher o percurso sempre inesperado do *impromptu* e evitando o conformismo inevitável dos métodos fechados.

Para terminar, deve ainda ser citado um fato que testemunha um outro aspecto inovador de seu trabalho stanislavskiano no Brasil: Kusnet era um dos melhores atores brechtianos de sua época. Isso se explica pela importância que ele atribuía ao aspecto exterior e visível dos signos com os quais montava o personagem, pois era necessário mostrá-lo enquanto imagem visual e auditiva, o que exigia um estudo detalhado de seu aspecto corporal. A isso ele nomeava "meios físicos de comunicação". Essa necessidade que Kusnet tinha de dar forma, de materializar concretamente a ação interior e visível, permitiu-lhe ter uma concepção do sistema stanislavskiano que se aproxima muito daquela que encontramos em Brecht, sobretudo nas suas jornadas de estudos sobre Stanislavski. Foi justamente no Método das Ações Físicas, o qual Brecht declarou ser a contribuição mais significativa de Stanislavski para o novo teatro, que Kusnet, mais tarde, encontrou o meio de integrar o corpo e o psíquico, quebrando as falsas fronteiras que rompiam a unidade existente entre um impulso e seu ato. E isso sem esquecer que todo ato se efetua sempre no seio de uma situação, de um contexto, as "circunstâncias propostas", cuja especificidade temporal é sempre histórica. Encontrar o sentido e a lógica de uma situação é identificar a corrente fatual, a fábula, seja ela contínua ou descontínua. É também chegar à estrutura narrativa de um texto, na qual se inscrevem os movimentos provocados pelas ações físicas.

Enfim, não é somente em seu trabalho como ator que vemos pontos comuns entre Kusnet e Brecht, mas também na sua metodologia, sobretudo nas suas pesquisas sobre uma análise ativa do material fictício, em que a exterioridade manifestada pela ação é o próprio evento e a descoberta de seu universo interior não é possível senão por meio da vivência corporal dos fatos.

Além disso, o centro do problema – a identificação ou a não-identificação – foi então deslocado para outro ponto, onde se achava a possibilidade de coexistência cênica de um personagem, elaborado com toda a riqueza de seu "monólogo interior", e de seu intérprete, um ator crítico que podia assim mostrar o significado do *gestus* nas suas implicações e contradições mais sutis. Kusnet abriu a "quarta parede" para expor não somente uma perspectiva aprofundada do mundo do personagem, mas também a do mundo do ator, que se mantém consciente da presença dos olhares críticos a ele dirigidos. Ele nos mostrou que entre esses dois sistemas – segundo uma expressão do próprio Brecht – não existem as dicotomias insuperáveis que nós temos o hábito de ver entre ser ou não ser o personagem; o que existe é o território da "dualidade do ator", que vem a ser o fundamento primordial da dialética do ator contemporâneo.

BIBLIOGRAFIA

ANDRADE, M. *O Banquete*. São Paulo: Duas Cidades, 1977.

GUINSBERG, J. *Stanislavski e o teatro de arte de Moscou*. São Paulo: Perspectiva, 1985.

KUSNET, E. *Ator e método*. Rio de Janeiro: MEC, 1975.

SAISON, M. Introduction. In: *Revue d'esthétique l'envers du théâtre*. Paris: Union Générale d'Éditions/CNRS, 1977.

STANISLAVSKI, C. *A preparação do ator*. Rio de Janeiro: Civilização Brasileira, 1976.

_____. *A construção da personagem*. Rio de Janeiro: Civilização Brasileira, 1976.

_____. *A criação do papel*. Rio de Janeiro: Civilização Brasileira, 1972.

_____. *Minha vida na arte*. Paris: L'Age d'homme, 1980.

O Autor da Criação Coletiva em Teatro na Década de 1970

Renan Tavares

A criação coletiva tornou-se uma prática constante entre numerosos grupos de teatro, no exterior e no Brasil, durante a década de 1970. Ela se caracterizou pelo abandono da idéia de apelar para um autor estranho ao convívio do grupo. Os espetáculos teatrais resultantes de uma criação coletiva, não podem ser, então, considerados como forçosamente contrários ao texto ou, como foi comumente entendido, como espetáculos pertencentes ao período da negação do texto teatral. O que realmente se deu foi um "descentramento" na concepção do trabalho teatral, na prática ordinária dos ensaios e na maneira de considerar o ator – suas relações com os outros participantes e com o "sentido" da criação. Assim, as experiências desse período não se traduzem por uma recusa total a toda escrita dramática, mas colocam em questão o lugar do autor enquanto artista autônomo, dotado de um estatuto privilegiado no processo de criação cênica. Concordando com Jean-Pierre Ryngaert, que defende esse descentramento em seu livro *Lire le théâtre contemporain*, de

1993, serão desenvolvidos a seguir algumas anotações sobre os espetáculos *Gracias Señor*, montado pelo Grupo Oficina Brasil, em 1971, e *Trate-me Leão*, montado pelo Asdrúbal Trouxe o Trombone, em 1976.

No final da década de 1960, o teatro de intervenção feito por ou para os trabalhadores já revelava preocupação em ser mestre do texto, pois acreditava que este tinha sido confiscado pela elite e deveria, então, ser dado ao povo o direito à palavra. Reivindicava sentir-se na pele do personagem, vivendo o que se joga, dizendo algo que dizia respeito a si mesmo. Evitava adotar textos que tratavam de questões exteriores às preocupações da classe trabalhadora. Assim, a urgência em relação ao direito a uma palavra própria foi vivida como uma necessidade da luta revolucionária. A partir do início da década seguinte, os pressupostos dos grupos de teatro militante passaram a influenciar, em diferentes países, outros grupos interessados em uma ampla reflexão sobre a prática teatral, sobre sua ruptura com o "teatro oficial" e sobre a necessidade de se recorrer à criação de textos próprios para produzir espetáculos.

Outra influência importante vinha dos espetáculos teatrais com base no gesto e no grito, buscando uma forma de expressão cujo encanto agia diretamente sobre os sentidos do espectador, de modo a colocá-lo em um estado de recepção particular ou tentando transformá-lo psicologicamente. *Paradise now*, do Living Theater[2], assim como espetáculos

---

[2] Em *Les Voies de la création théâtrale* (vol.1, Paris, Ed. Du CNRS, 1970), Jean Jacquot revela as intenções do grupo de Julien Beck e Judith Malina a partir de anotações durante os ensaios de *Paradise now*: "Para converter o espectador, ou seja, lhe permitir-lhe descobrir em si as fon-

O Autor da Criação Coletiva em Teatro na Década de 1970

do Odin Theater e os do Bread and Puppet Theater, no final dos anos 1960, revelava um interesse secundário pelo texto e atribuía maior valor ao trabalho cênico. Segundo Ryngaert, toda uma série de pesquisas, centradas no poder de expressão e de emoção do ator, em sua vida interior e em sua capacidade de transmitir estados de rara intensidade ao público, caracterizou essas experiências da década de 1970. O teatro estava inteiramente na cerimônia que se realizava em face ou no meio dos espectadores, sendo o texto um dos elementos da representação.

Gracias Señor, por exemplo, revelou a necessidade de uma palavra própria expressa pelo coletivo. Uma palavra em relação direta com as improvisações, nas quais o "texto espontâneo" surgia a partir do trabalho em grupo. O que estava em questão, enfim, era o autor que, não vivendo as mesmas experiências cotidianas do grupo, teria um estatuto diferenciado e exerceria uma espécie de controle sobre o coletivo. Desse modo, na medida em que o grupo se responsabilizava pelas exigências (emocionais e econômicas) do cotidiano, reivindicava para si também o controle da totalidade do processo de criação artística. *Trate-me Leão* também resultou

---

tes que traz desde sempre, é necessário lhe proporcionar um modo de comunicação mais imediato que a linguagem verbal. Isto supõe uma intensa preparação corporal, em que sejam possíveis o erotismo, os exercícios de *yoga* e as substâncias que dão acesso aos paraísos artificiais. Tentar-se-á encontrar o 'ponto artaudian', no qual o brilho dos atores mudará a temperatura e a luz, e no qual a geometria dos corpos, os encantamentos e as danças criarão um ambiente capaz de proporcionar aos espectadores uma nova percepção" (Ryngaert, 1993: 37).

de uma criação coletiva que se caracterizou pelo abandono da idéia de adotar um autor externo ao convívio do grupo[3]. Assim, vamos verificar, em seguida, com os dois exemplos do teatro brasileiro desse período histórico, que o texto, enquanto material literário (que fornece às dramaturgias tradicionais o essencial da significação), passou a conviver, na obra teatral, com outros signos, basicamente não-verbais.

O Grupo Oficina Brasil conviveu por longo tempo com o Living Theater, quando da visita deste ao Brasil, no início da década de 1970, assim como José Celso Martinez Correa durante sua viagem à França. Por essa razão, *Gracias Señor* manifestava um outro enfoque sobre o lugar do texto na criação do espetáculo e reivindicava uma certa filiação às idéias de Antonin Artaud, muito coerente com a vanguarda do teatro de época, no Ocidente. Em *Carta Aberta*, José Celso Martinez Correa enfatizou alguns aspectos da criação teatral dessa vanguarda:

> *Nós propomos jogos de unificação o tempo todo, nós propomos a Viagem, nós propomos unilateralmente e dependemos da confiança, de abertura, de despreconceito da sala em nos seguir, pelo menos naquele momento. Não se trata de messianismo ou orientação, mas naquele momento em que "ensaiamos" (ensaiamos e não escondemos, é óbvio) a estrutura, escrita por mais de 40 consciências e mais de 10 nomes (Reich,*

---

[3] Sob essa ótica, Sílvia Fernandes da Silva Telesi estudou o *Trate-me Leão* em sua dissertação de mestrado, intitulada *Grupos teatrais: percurso e linguagem*, apresentada à ECA/USP em 1987.

O Autor da Criação Coletiva em Teatro na Década de 1970

> *Oswald de Andrade, Brecht etc.) que sintetizam as experiências dessa classe, nós pedimos a adesão do corpo-razão-sentidos de toda a casa para, através de jogos coletivos, investigarmos os caminhos de nossa morte e nossa ressurreição. [...] A estrutura, baseada em pontos em comum óbvios, deve ser completada pelo coletivo, completada com as significações que o coletivo de cada noite dá à estrutura; para que se opere um fenômeno de criação coletiva, é necessário uma abertura, colocar todo o corpo (corpo onde tudo de nossa vida social está impresso) à procura dos significados novos que se darão à medida em que a Viagem se desenvolva [...]*[4].

Conforme visto anteriormente, o Living Theater buscava "um modo de comunicação mais imediato que a linguagem verbal" e uma "percepção nova por parte dos espectadores". Nesse trecho da *Carta Aberta*, constatamos o descontentamento de José Celso por entender que a leitura crítica carecia dos pressupostos e das reflexões sobre o trabalho cênico privilegiados pelo fazer teatral da época. Ao admitir que "a confiança, a abertura e o despreconceito da sala" eram imprescindíveis ao espectador para que pudesse ler o texto "estrutura", revelava a necessidade de o espectador atender ao pedido de "adesão do corpo-razão-sentidos" para ter condi-

---

[4] Trecho da *Carta aberta ao Sábato Magaldi, também servindo para outros, mas principalmente destinada aos que querem ver com os olhos livres*, escrita por José Celso Martinez Correa, em resposta à crítica de Sábato Magaldi intitulada *A volta do Oficina ou a imagem destruída*, publicada no *Jornal da Tarde* de 02 de maio de 1972.

ções de efetuar a leitura. Havia interesse em que o espectador fosse também autor na criação coletiva, na medida em que a "estrutura, baseada em pontos em comum óbvios, deve ser completada..." e na medida em que reivindicava

> *uma abertura, colocar todo o corpo (corpo onde tudo de nossa vida social está impresso) à procura dos significados novos que se darão à medida que a Viagem se desenvolva [...].*

Ao adotar uma estrutura e não um texto de autor e ao privilegiar o trabalho cênico, no qual o corpo tinha importância capital na significação desse trabalho e na sua comunicabilidade, esse teatro de vanguarda não contava com uma participação puramente cognitiva por parte do espectador. Pretendia-se atingi-lo em sua totalidade: "corpo-razão-sentidos".

Ainda no sentido de afirmar o parentesco do Oficina Brasil com o teatro de vanguarda de sua época, a década de 1970, Jean-Pierre Ryngaert cita uma declaração de um grupo de teatro operário da França que se refere ao texto teatral como *um canevas*, ou seja,

> *uma peça a ser inventada, os resultados meramente elaborados em função de uma sucessão de cenas improvisadas durante cada espetáculo, no refeitório de uma fábrica, e não um texto modelo de um outro teatro.* (Ryngaert, 1993: 39)

Em 1976, o espetáculo do Asdrúbal Trouxe o Trombone, *Trate-me Leão*, também insistiu nessa abordagem do texto teatral. Em entrevista realizada pela equipe técnica de artes cênicas da Divisão de Pesquisas do Centro Cultural São Paulo, em 26 de abril de 1983, Hamilton Vaz Pereira revelou um processo de criação de texto enquanto expressão de grupo, em que a idéia de estrutura (*canevas*), improvisação e espontaneidade parece corresponder ao que já foi ressaltado anteriormente. Segundo Hamilton Vaz Pereira,

> *o Trate-me Leão começava com uma história dentro de um apartamento [...], aí depois ia para uma coisa do cotidiano, ia desde o quarto do cara, de garoto, ia pro banheiro, ia pra rua, pra esquina. Aí depois era todo um bloco de cenas que era feito na escola e, antes de terminar o primeiro ato, era uma coisa já dentro da cidade, (...) a coisa do metrô acabando com a cidade, com o pessoal que se conhecia da cidade, isso também influenciou muito a gente. Aí, depois, o segundo ato abria com uma coisa de acampamento, fora da cidade, uma coisa do interior, aí tinha uma cena voltando para a cidade, uma nova adaptação a ela [...]. Então Trate-me Leão tinha um pouco disso: de ir conhecendo os lugares e aí as pessoas convivendo vão tendo alegrias e se machucando. Então o espetáculo passava isso...*

Cabe ainda registrar que seu depoimento, na entrevista supracitada, traz à luz a configuração e o lugar do autor no grupo. Ele anota, selecionando "movimentos e palavras" a partir da improvisação dos atores, da qual ele não participa. De fora, observa o jogo. Depois submete todo o material à "composição de cenas", cuja estrutura é definida a *priori*. Vejamos, a seguir, como uma metodologia se desenha em diversas etapas para a construção do texto:

Primeira:

> *de cada um levar pra reunião, a partir daquele momento, qualquer coisa, qualquer notícia de jornal, qualquer poema, qualquer parte de seu próprio diário, qualquer letra de música ou música, qualquer fotografia, qualquer desenho, que a gente sentisse que tivesse a ver com o momento da gente [...] queria uma coisa que a gente estava cotidianamente preocupado, que a gente estava a fim disso. Era amor, era grana, era teatro, era amigos, era escola, as coisas que têm no Trate-me Leão [...], livros que a gente leu na infância, mas que tinha uma parte da aventura do herói que a gente achava que sempre motivava a gente a pensar coisas. [...]*

Segunda:

> *teve um primeiro momento assim que a gente lia em voz alta, cantava trechos de música que tinha aquele tema. Aí eu pegava e guardava, a gente guardava as coisas principais [...]. Em um segundo momento, a gente começou a pedir a amigos que escreviam, que faziam música, que fotografavam pra apresentar pra gente o que andavam fotografando, escrevendo, que tipo de composição era, umas coisas assim. Teve reuniões longas que os amigos traziam poesias e tal (risos), a gente programou horas, os caras ficavam*

> *lendo. Aí de repente dava a idéia de um personagem, qualquer coisa do gênero [...].*

Terceira:
> *aí depois disso a gente começou a ensaiar. A gente tinha uma estrutura definida, eu tinha essa idéia que eu falei: de sair de casa, ir dominando o bairro, a cidade e devia ter algum breque para terminar a primeira parte, aí deveria ter alguma coisa de sair da cidade e de retornar a ela [...]. Ah! Sim! Aí ao mesmo tempo a gente começou a ensaiar. A gente por exemplo via algumas cenas interessantes e improvisávamos.*

Quarta:
> *Da improvisação dos atores eu anotava o que eu via de mais interessante de movimentação e palavras. Ficava de fora, não improvisava. Só ficava anotando as coisas e a gente ia compondo (...) e aí comecei a compor as cenas nessa coisa de saída de casa pra cidade [...].*

A palavra construída ao mesmo tempo e no mesmo lugar onde se dá a construção da cena faz parte de um texto que não se confunde nem com o do autor (dramaturgo), nem com o do espetáculo. A linguagem dessa dramaturgia, nos anos de 1970, tinha no centro de seu temário as preocupações e vivências do grupo, que, por analogia, por justaposição, em fragmentos, evitando a linearidade, dava conta da visão de mundo de uma geração. Trata-se de um momento em que se buscava fundar um discurso do sujeito falante, do homem libertado de sua condição de objeto. A linguagem enquanto lugar onde o homem se identifica na cultura e nas relações sociais das quais participa por meio de sua própria linguagem. E como no caso se trata da criação de uma linguagem artística, a linguagem é entendida como instrumento de si mesma pela sua própria materialidade. Sobre ela o artista se debruça, nela o artista se sente imerso. A autoria, então, dá-se ao recolher da interação social "os movimentos e palavras", como disse Hamilton Vaz Pereira, para submetê-los às convenções e às regras herdadas pela tradição.

Eugênio Barba nos fala da importância deste diálogo com a tradição, travado mesmo quando se propõe a romper com ela:

> *[...] cada um de nós é filho do trabalho de alguém. Cada fundador de tradições possui um passado que escolheu. Nós mesmos devemos decidir profissionalmente a que história pertencemos, quem são nossos antepassados em cujos valores nos reconhecemos. Podem ser de épocas e culturas distantes, mas o sentido de seus trabalhos nos está próximo [...]. A meta a ser atingida não é identificar-se em uma tradição, mas construir um núcleo de valores, uma identidade pessoal, rebelde e leal para com as próprias raízes*[5].

A recusa aos textos clássicos e ao autor estranho e alheio ao grupo dava-se na medida em que, além de ser estratégia

---

[5] Excerto do Programa da ISTA (International School of Theatre Anthropology), no Festival Internacional de Londrina, agosto de 1994.

O Autor da Criação Coletiva em Teatro na Década de 1970

muito comum no teatro da década de 1970, se via acompanhada do desejo de uma outra forma de comunicação, sustentada pelo trânsito de emoções e de vitalidade entre os atores e o público, dependente da intensidade física e emocional do ator. Preocupava-se com a energia que circulava na relação palco/platéia: importava mais a vibração que emanava da cena, proveniente da energia do trabalho corporal, de modo a realizar uma comunicação baseada na corrente sensível e colocar em sintonia, em contato direto, atores e espectadores. O treinamento físico, o aperfeiçoamento e o cuidado com os recursos corporais de expressão caracterizavam uma linguagem no qual movimento, gesto e ritmo passavam a ser mais importantes que o cuidado com o preparo da voz.

Enquanto o Grupo Oficina Brasil realizou um trabalho contestatório, ancorado em uma visão de mundo particular e precisa, a pesquisa e a reflexão teórica, ideológica ou estética foram encaradas com reticência, mesmo suspeita, pelo Asdrúbal Trouxe o Trombone, marcadamente antiintelectual, bem mais irreverente, irônico e debochado. A estrutura dramática composta de fragmentos (cuja significação muitas vezes se esgotava em si mesma) constituía-se em jogo aberto, com poucas regras preestabelecidas, desprovido de parâmetros técnicos e de métodos de trabalho teatral definidores de critérios estéticos ou procedimentos de criação. A perspectiva de se trabalhar com não-atores (pessoas que não são atores profissionais com formação específica e com experiência reconhecida) estava ligada à necessidade de descobrir coletivamente, de aprender fazendo, um processo criativo e pessoal mais adequado para mostrar a si mesmos enquanto indivíduos. Heloisa Buarque de Hollanda, em seu livro *Impressões de viagem: CPC, vanguarda e desbunde 1960/1970*, mostra como a produção artística dos anos de 1970 tem o caráter de registro imediato da ação, por mostrar o cotidiano e a experiência pessoal em estado bruto. Cria-se, assim, uma outra relação com a arte, que de certa forma se confunde com a vida.

A maior parte da crítica da época do *Trate-me Leão* se referia à limitação estética imposta pelo temário de sua dramaturgia, que tratava de questões pertencentes a uma fatia da população carioca: a jovem classe média da Zona Sul do Rio de Janeiro, tema que não despertaria interesse em nenhum outro espaço geográfico, tanto no Rio de Janeiro quanto fora dele. A viagem pelos teatros, em diferentes cidades brasileiras, de sucesso inquestionável de público, provou o contrário. E mais, deixou claro que o discurso verbal, o temário da peça, não era o único responsável pela leitura do "sentido", do espetáculo, por parte do público. Toda a pesquisa de corpo, sonorização, movimentação, gesto, figurino e iluminação garantiu uma comunicabilidade ao nível do sensível, minimizando sobremaneira o significado verbal da peça. A relação do espetáculo *Gracias Señor* com o público não teve longa duração e nem chegou a sair do eixo Rio-São Paulo pelo fato de ter sido censurado. Entretanto, os relatos sobre as experiências vividas em Brasília (no *campus* da UnB) e em Mandassaia – presentes na estrutura do trabalho – comprovam a existência de uma relação sensível entre os "atuadores" do Oficina Brasil e o público de estudantes e camponeses.

A busca por uma nova linguagem e a reflexão sobre o código, sob a ótica do fazer, do colocar-se no jogo, apontavam para uma dramaturgia de conjunto. Sua concretude expunha signos múltiplos em convívio e legitimava uma importância equilibrada entre todos eles. O processo, ao ser mais importante que o acabamento formal do produto, justificava a incidência da reflexão sobre as possibilidades de um código que, segundo Ryngaert, faz o palco ser cada vez menos pensado como uma totalidade.

> *O autor não se preocupa mais em escrever em função das mudanças do cenário; todos os saltos de espaço e tempo e todos os efeitos de montagem são possíveis no instante. Uma estética do fragmento e da descontinuidade aí encontra sua razão de ser [...].* (Ryngaert, 1993: 52)

Os anos de 1970, marcados por uma opção pelo mercado alternativo, não empresarial, muitas vezes pela estrutura de cooperativa de produção, contextualizaram o surgimento de grupos de teatro que recusavam os padrões estéticos e os métodos políticos da estrutura empresarial de criação artística: os da cultura do entretenimento. Esses grupos buscavam uma mudança qualitativa no processo de criação e de produção. Já que as questões sociopolíticas estavam sob a mira da censura, proibidas de serem discutidas, o individual ganhou espaço, assim como os modos de sua inserção no coletivo passaram a ser redimensionados: conceito de trabalho e de valor de trabalho, formas de organização, meios de produção e estruturas de poder foram colocados em questão. A busca de alternativas, de um novo ideário, de uma nova mitologia que orientasse as ações foi posta em cena pelos grupos de teatro em detrimento do cuidado com as formas estéticas dessa busca: o significado, sobrepondo-se ao significante e ao referente, recebeu atenção especial. Contavam ludicamente estórias que lhes interessavam, que lhes diziam respeito, nas quais se auto-expressavam. Assim, estavam à margem do modelo de sucesso econômico, facilmente assimilável e reprodutível, veículo de um modelo cultural massificador, expressão da ideologia da classe dominante, que fazia do teatro um centro difusor de peças digestivas, algumas reproduzindo espetáculos anteriormente bem-sucedidos. O *déjà-vu* associando moda ao sucesso de bilheteria.

O Grupo Oficina Brasil, ao trabalhar com a "ralé" (como eram conhecidos os não-atores), carente de uma formação artística ou técnica, lançou mão do jogo (jogo espontâneo e improvisação), submetendo-o a regras que, muitas das vezes, surgiam do próprio processo de busca por um outro código, como fez também o Asdrúbal Trouxe o Trombone. Assim, o teatro voltou para si mesmo, na tentativa de achar uma saída para o domínio do esquema empresarial, das estratégias de comercialização da arte e da cultura. Ao colocar em questão o modelo empresarial, esses grupos buscaram uma nova dramaturgia (a criação coletiva) e uma relação sensível entre palco e platéia.

Como veremos a seguir, uma certa esperança – fonte da razão de luta por um outro teatro cujo código e objetivos de comunicação com o público não se limitassem à obtenção de lucro, visados pela mentalidade empresarial crescente e, ao mesmo tempo, fossem decifrados pela mesma óptica pelas quais foram criadas – pode ser comprovada em outro trecho da já citada *Carta Aberta*, de José Celso Martinez Correa:

> *Você sabe o que é o desbunde? Você já saiu do caminho certo? Nós não queremos voltar a ele, sabe? Estamos entre um Sim e um Não Real. Ou se lobotomizam todos os cérebros, ou vamos juntos procurar novos caminhos. Se não se quiser buscar novos e arriscados caminhos, não vamos poder ficar sós, vamos ter que voltar ao caminho certo, vamos ter que nos lobotomizar. Faremos uma peça cultural com muito ritmo, muito senso, você nos dará todos os prêmios e regressaremos, em família, ao vazio, à seriedade, etc. Mas nem sempre você vai gostar, você vai precisar dessa nova imagem arrebentada e de Exército de Brancaleone. Mas nesse Sim ou Não, nós no fundo sabemos que é Não mesmo, e sabemos que um novo e maravilhoso Renascimento se prepara, um renascimento que nada tem a ver com os outros, maravilhoso porque envolve tudo: nova percepção, nova linguagem e todas – todas as relações [...] o novo não tem artesanato, não é* happening, *está além das censuras, pois é um outro código, tente decifrá-lo e não enquadrá-lo no caminho certo. Você sabe que ele é furado e não existe. Aprenda um pouco, o mundo é outro, você nem nós temos o que ensinar e deixe livre quem quiser VER.*[6]

---

[6] Trecho da *Carta aberta ao Sábato Magaldi, também servindo para outros, mas principalmente destinada aos que querem ver com os olhos livres*.

O Grupo Oficina Brasil, no programa da peça *Gracias Señor*, revelava-se avesso à expansão dos grandes meios eletrônicos de comunicação e à idéia de arte como mercadoria, recusando entender o público como consumidor e o espetáculo como mero bem de consumo descartável:

> *Formas de ação direta em comunicação numa sociedade que, face ao rápido processo de transformação social, se vê diante de mudanças de hábitos da população, como também na própria percepção de suas categorias de conhecimento [...]; novas formas de comunicação teatral, descondicionadas das estruturas atuais do teatro profissional brasileiro [...]; comunicação direta numa sociedade de massas em processo de desenvolvimento e de alteração das formas de percepção.*

Essa forma de ruptura com a instituição teatro, que também estava presente na peça *Trate-me Leão*, fazia-se acompanhar do deboche e da irreverência ao tratar do comportamento convencional, mesmo "careta", basicamente da instituição família.

Por meio de uma relação mais democrática, com todos assumindo todos os riscos, responsabilidades e ganhos, os grupos de teatro eliminaram a hierarquia tão comum na equipe de criação e produção: autor, diretor e, na base da pirâmide, os atores. Um esquema não muito rígido de distribuição de tarefas e trabalhos de coordenação envolvia todos os participantes. O desejo de ser mestre de todo o processo de criação

O Autor da Criação Coletiva em Teatro na Década de 1970

teatral era eficaz para gerar o engajamento e o investimento de cada um. Recusando o esquema de hierarquização e divisão do trabalho em especializações, como na arte-indústria, cada vez mais organizada como garantia de retorno para os investidores do mercado de bens simbólicos, a criação e a produção artísticas dos anos de 1970 – experimentando suas relações com um mercado alternativo – denunciavam e contestavam a expansão das redes de televisão. Naquela época, o controle desses meios foi concedido pela Ditadura a empresários cuja "ideologia servil, colonizada, dependente do capital estrangeiro", segundo José Celso Martinez Correa, não correspondia à ideologia que os criadores (no teatro, no cinema, na poesia, na música) sustentavam.

O projeto econômico do governo militarista e ditatorial do General Médici, responsável pelo "milagre econômico", sufocou toda e qualquer manifestação ou abordagem sobre questões político-nacionais. No país, tudo era decidido por um poder hegemônico e fortemente armado, equipado de aparelho de informação/comunicação – DOPS, DOICODI –, como também de forte aparelho de punição e tortura juridicamente amparado. A criação coletiva no teatro brasileiro, entre outras manifestações artísticas da considerada cultura de resistência à ditadura dos anos de 1970 – "as barricadas do desejo"[7] –, foi pouco a pouco, sobretudo a partir de 1978, sendo substituída por outras tendências, que manifestavam o desejo de diálogo amplo e irrestrito e a valorização da qua-

---

[7] Expressão usada por Heloisa Buarque de Hollanda em publicação no *Jornal do Brasil* de 14de maio de 1983.

lidade técnica e artística da produção cultural, remanejando de forma visível os pressupostos da contracultura e dos circuitos alternativos.

BIBLIOGRAFIA

BARBA, E. Depoimento. Programa do ISTA. Festival Internacional de Londrina, ago. 1994.
BERNARD, M. Le mythe de l'improvisation théâtrale ou les travestissements d'une théâtralité normalisée. *Revue d'esthétique*, n. 1-2, Paris: Union Générale d'Editions, 1977, p. 25-33.
CORREA, J. C. M. *Carta aberta ao Sábato Magaldi, também servindo para outros, mas principalmente destinada aos que querem ver com os olhos livres.* (Mimeografado). Divisão de Pesquisas do Centro Cultural São Paulo, s. d.
Ecritures contemporaines et théâtralité. Paris: Publications de la Sorbonne Nouvelle, 1990.
Entrevista com o Grupo Asdrúbal Trouxe o Trombone. Divisão de Pesquisas do Centro Cultural São Paulo, 26 de abril de 1983.
Entrevista com o Grupo Asdrúbal Trouxe o Trombone. Divisão de Pesquisas do Centro Cultural São Paulo, 26 de maio de 1983.
GASPARI, E.; HOLLANDA, H. B.; VENTURA, Z. *70/80 Cultura em trânsito.* Rio de Janeiro: Aeroplano, 2000.

Gracias Señor. Criação coletiva da equipe do Grupo Oficina Brasil, texto integral da peça, mimeografado. Divisão de Pesquisas do Centro Cultural São Paulo, s. d.

HOLLANDA, H. B. *Impressões de viagem:* CPC, vanguarda e desbunde 1960/1970. São Paulo: Brasiliense, 1980.

LIMA, M. A. O Teatro bonito e delicado do Asdrúbal. *O Estado de S. Paulo*, São Paulo, 13 de março de 1983, p. 38.

MAGALDI, S. A volta do Oficina ou a imagem destruída. *Jornal da Tarde*, 02 mai. 1972.

_____. O comovente testemunho de uma época. São Paulo: *Jornal da Tarde*, 27 de outubro de 1978, p. 17.

_____. O Asdrúbal, estimulante mais uma vez. São Paulo: *Jornal da Tarde*, 14 de novembro de 1980, p. 16.

MICHALSKY, Y. *O palco amordaçado*. Rio de Janeiro: Avenir, 1979.

_____. *O teatro sob pressão: uma frente de resistência*. Rio de Janeiro: Zahar, 1985.

MOTTA, N. Um esperto e atrevido Asdrúbal toca seu poético trombone: um projeto assombroso. Rio de Janeiro, *O Globo*, 12 de agosto de 1980, p. 34.

NANDI, Í. *Teatro Oficina onde a arte não dormia*. Rio de Janeiro: Nova Fronteira, 1989.

PALLOTINI, R. *Introdução à dramaturgia*. São Paulo: Brasiliense, 1983.

PEREIRA, H. V.; ARAUJO, A. *Juventude ou Trate-me Leão*. Texto integral da peça, mimeografado. Divisão de Pesquisas do Centro Cultural São Paulo, s. d.

RYNGAERT, J. P. *Lire le théâtre contemporain*. Paris: Dunod, 1993.

SILVA, A. S. *Oficina do teatro ao te-ato*. São Paulo: Perspectiva, 1981.

TAVARES, R. *Théâtre, éducation et culture marginale des années 70 au Brésil*. Thèse de Doctorat de 3ème Cycle. Université de Paris III – Sorbonne Nouvelle, 1985.

_____. *Jogo dramático, dramaturgia e contemporaneidade*. Brasília: CNPq/Relatório Técnico-Científico, jun. 1995.

TELESI, Silvia Fernandes da Silva. *Grupos teatrais:* percurso e linguagem. Dissertação (Mestrado). Escola de Comunicação e Artes da Universidade de São Paulo (ECA/USP), São Paulo, 1987.

O Presente do Jogo

Alessandra Vannucci

Entrer dans le théâtre par effraction
Jean-Pierre Ryngaert

Qualquer jogo exige rigor, contudo, joga-se sempre apenas um jogo: o jogar não é da ordem "séria" do fazer (Huizinga, 1971), mas, sim, da ordem lúdica, da competição e do risco; seu êxito não tem relação funcional com finalidades externas, mas é coerente com suas próprias regras; sua execução exige presença e experiência dos jogadores, permanecendo, porém, como sujeito do jogo o próprio jogar, consubstanciado pelo desempenho dos jogadores, entre obediência e efração à ordem. Segundo Gadamer (1983: I,2), está implícita no jogo a consciência de ser observado (é competição, concorrência entre valentias) e de ser jogado (é arriscado, valendo-lhe a intuição e a tentação de descontrole diante dos atrativos do jogo): o jogador compõe sua ação lúdica manipulando uma conduta dicotômica que lhe permite observar-se na situação, como em um espelho, enquanto está integralmente absorvido pelo jogo (em alemão, *spiel* também significa representação; em francês, *jouer* é também representar). Essa conduta, situando-se entre espontaneidade e controle, é produto de escolhas diante das tarefas que o jogo propõe; contudo, o verdadeiro "fim" (em grego, *telos*, também indicando a finalidade, a realização) do jogo não corresponde à solução dessas tarefas, mas, sim, à regulamentação da configuração do movimento do jogo, ou seja, como sugere Gadamer, à sua auto-representação – nem sempre o ganhador aparece como sendo vitorioso. Pondo-se em jogo, o "ator" joga com a cumplicidade de uma comunidade interpretativa, já que "atua" estabelecendo a ordem do jogo como código comum; portanto, o jogo é espetáculo (do latim *spectare*, assistir) até quando não constata ou não considera a presença/ausência de público, pela simples interação de atuação e auto-representação.

Quando o jogo se configura em arte, por exemplo, em "jogo dramático", o dispositivo reflexivo do "ator" (o jogador que age; ainda que esse espelho auto-representativo, que os gregos denominaram *psiché*, pareça ser prerrogativa de todo ser humano) informa sua imaginação perceptiva, provocando um processo de espelhamento progressivo que pretende alcançar o "espectador" (o jogador que assiste) pela evidência epífana da identificação com acidentes reconhecíveis. No espetáculo, a potencial disposição representativa (em grego, *enérgeia*, força ativa) do jogador-ator realiza-se em obra (em grego, *ergon*, intervenção) por meio da reprodução mimética de uma ação real, já própria à comunidade, mas que, tornando a ser representada, estrutura uma tradição de sentido e possibilita o conhecimento pelo reconhecimento[8]. Ainda assim, o jogo dramático não confere suas regras com a ordem real, mas dela se emancipa (da mesma forma que, invertendo as referências direcionais, o espelho espelha a imagem real e não a cópia); absorvido na categoria lúdica do devir, o espetáculo traz suas tarefas e sua medida de "verdade" em si mesmo, tornando a realidade essencial na ordem heterogênea da pura realização, em que cada intervenção (cada obra) significa uma transformação substancial. O código comunicativo vigente nessa *outra* ordem reside na simbolização da distância entre observador e observado, isto é, na delimitação do espaço estético como ringue de interações: equivalendo então o palco, ou qualquer área de jogo, a uma moldura ou uma página em branco "dentro" da qual o ator joga com os espectadores, traçando sentidos coletivos e produzindo epifanias em imagens, ações, relações, palavras. Tal código, cuja medida de realidade é regrada pela coerência ao artifício convencionado, pode forçar o jogador-ator ao paradoxo de negar a continuidade da essência de sua própria identidade para afirmar a primazia do devir da aparência (o papel que desempenha para os espectadores observarem), já que, naquele presente de jogo, só é real a configuração ficcional, e o jogador-ator encontra "em si mesmo sua medida" (Gadamer, 1997: 195). É essa sobriedade (em latim,

---

[8] "A *mimesis* participa da representação na medida em que o sentido originário do conhecimento é um reconhecimento" (Gadamer, 1997: 194). A *mimesis* não é imitação, mas, sim, reapresentação de uma ordem cujo sentido só é reconhecido naquela epifania acidental e efêmera; na tragédia, essa rememoração é representada pela *anagnóresis*, choque mediante o qual o héroi reconhece que seu destino corresponde à sua conduta.

concinnitas, adequação, justa medida; em francês, *rigueur*), necessária para a configuração da *enérgeia* em *ergon,* isto é, da execução (em inglês, *performance*) em um espaço/tempo particular e circunstancial de sentidos de alcance coletivo, que permite ao jogador-ator resolver o paradoxo em método, possuindo algo que o possui, sendo jogado sem perder o controle do jogo.

Jogamos o jogo dramático, experimentando suas regras e possíveis efrações, no estágio de formação conduzido na UNIRIO por Jean-Pierre Ryngaert (com tradução simultânea do especialista Professor Doutor Renan Tavares, a pedido do francês) em dois fins de semana, intensos quanto à exploração de caminhos teórico-práticos e preciosos pela contribuição de atores, espectadores e do "interventor" – conforme Ryngaert prefere identificar-se, relacionando sua função à interação com contextos imprevisíveis, mais do que à confortável transmissão de um saber. Instigados – por repetidos convites ao jogo entrelaçados por rigorosos "momentos da palavra" – a um processo permanente de reflexão dinâmica sobre a produção de sentido a partir da consciência de "estar presente" (em francês, *être* tanto significa estar como ser[9]) e do movimento no espaço estético (observado e consciente de ser observado), trabalhamos a plasticidade da presença, a reiteração do movimento com seus princípios e fins, as cinco zonas de consciência (do "eu" introvertido para

---

[9] A categoria cartesiana da autoconsciência como condição necessária ao "ser" humano (*cogito, ergo sum* e não só "sou" enquanto "estou agindo") parece informar essa univocidade entre "ser" e "estar" que o léxico revela.

um "deus" estranhado, passando pela distância mínima necessária à interação com um objetivo, pelo direcionamento expressivo ao público e pela atenção alargada ao espaço estético inteiro). Trabalhamos ainda a concentração perceptiva no olhar (o "apoio" que firma uma opção recíproca de diálogo) e no contato (entre energias e corpos), e a interferência na produção de sentido(s) do(s) outro(s), em uma série progressiva de propostas de jogo, visando interceptar a univocidade da energia na multiplicidade das expressões singulares. Com o objetivo de acessar os exercícios de verbalização sem abandonar o desafio expressivo do jogo (ordenando a configuração do movimento por regras e efrações, harmonizando os individualismos e diversificando o jogar conforme as individualidades), jogamos ainda o nomear-se diante do grupo e o apresentamos como coral o nome de cada um ao público – prática que exalta e trabalha sintomaticamente a crise individual, aguçada pelo permanente estado de exposição do ator, entre ambição de identificação e vontade de proteção grupal, entre petição de autonomia e maioridade (o pai dá o nome) e súplica de maternal indulgência.

No processo de apropriação do texto – o mesmo para todos –, jogamos a desconfiguração pela repetição (não do que parece ser igual, mas do que é diferente), provocando a emergência de anti-sentidos e inquietações na palavra conhecida (certa) e de idioletos estrangeiros na língua materna (confortável); enfim, jogando o "representar" a estrutura sintática e não reproduzi-la, o "espelhar" as palavras sem imitá-las, tentamos emancipar a forma da expressão verbal de sua mecanização utilitária e construir discursos de identidade como inúmeros percursos interpretativos dentro de um único sistema textual. A advertência (já proustiana, deleuziana[10]) de que é preciso desmitificar a familiaridade da palavra, permitindo a emergência de uma pronunciação virgem e estranhada de sua própria língua, como se ela fosse estrangeira e precisasse ser traduzida internamente para ser entendida, vem com o propósito de focalizar ainda mais (em um estágio marcado, aliás, pela presença forte de outras línguas) os sintomas do trauma babélico da perda da universalidade do sentido, ou melhor, da crise pós-moderna, que detona o domínio do *logos* (em grego, arquétipo, palavra, conceito) sobre as *ópsis* (em grego, variantes, aparências, formas) e denuncia a não-correspondência de significante e significado. Os inúmeros discursos de identidade, reproduzindo o texto pela ótica prismática de mera possibilidade interpretativa, configuram-se como repetições sempre originais, virtualizando o desvio da norma lingüística e transcodificando o discurso dominante para uma expressão singular, que extingue no texto a validade do familiar e evidencia sua reatividade ao novo contexto receptivo[11] (ganhando também o observador-leitor uma percepção crítica desse estranhamento).

---

[10] *"Les beaux livres sont écrits dans une sorte de langue étrangère"*, escreve Proust em *Contre Sainte-Beuve*. Incipit de Deleuze: *1997*. Poder-se-ia transpor essa intuição para a palavra em cena? O trabalho sobre a declamação monotonal de Luca Ronconi (por exemplo, *Gli ultimi giorni dell'umanità*, de *Karl Kraus, Lingotto, Torino, 1994*) e sobre o balbucio e recitação em línguas estrangeiras de Peter Brook parece segui-la na direção de uma cena babélica, em que o significante não garante mais nenhum significado predeterminado.

[11] Poderiam ser estabelecidos nexos interessantes, a partir daqui, com a teoria da recepção. Ver Iser, Wolgang. *O ato da leitura*. São Paulo: 34, 1996, 2 vols. Fiz uma pequena tentativa nesse sentido no ensaio "Repetição original: O autor e os outros", publicado em *O Percevejo*, n. 9, ano VIII, p. 52-69.

O Presente do Jogo

Acompanhando a variação desses percursos, Ryngaert interferiu com precisão e finíssima ironia, estabelecendo, no avançar da experimentação prática, vertentes referenciais teóricas de extremo interesse para a elaboração do savoir-être e do *savoir-faire* – algo mais que o *savoir* – do ator, bem como de eventuais interventores (como é o meu caso de curinga do Teatro do Oprimido e de diretora). Acrescentando à experimentação de uma prática lúdica em progressão crescente de complexidade (*Je complique un peux plus...*, éramos avisados) como instrumento de pesquisa adaptável ao processo de crescimento coletivo também os momentos de co-divisão de opções e inquietações participativas (dos jogadores) e diretivas (do próprio interventor) em relação ao jogo, essa proposta de trabalho não se limita à dimensão de laboratório expressivo atorial, mas pretende responsabilizar os jogadores-atores pela decodificação das instruções recebidas para resolver pessoalmente cada jogo/cena (do francês *consigne*, valendo por senha) e conscientizá-los de sua própria singularíssima vivência de jogo/cena (precisando cada um encontrar em si mesmo sua medida). A ordem da competição é, portanto, um desafio de vitória conforme sua própria vontade de poder; o risco permanente é de perder *la rigueur*, de ceder às tentações de descontrole, de *faire gros*, de estacionar-se em cima do muro; o prazer, enfim, é desvencilhar-se de piedade e admiração, transpondo a *catársis* (em grego, purificação imposta, correção inevitável de um erro) para uma autotransformação consciente e, portanto, transformadora.

Confirmando, na condução, uma postura política favorável à ativação autopedagógica (relacionada ao movimento frenetiano[12] do CEMEA – Centre d'Entraînement aux Méthodes de l'éducation Active, na França, em cujo âmbito ele trabalha desde os anos 70[13]), Ryngaert convida os jogadores a entregarem-se ao jogo (a jogarem-se) com prontidão, sem antecipar nem poupar ocasiões, cada um performando seu próprio ritmo/discurso com singularidade e rigor, autonomia e responsabilidade. Trabalhando na vibração da energia e em circunstâncias imprevisíveis, acoplando códigos heterogêneos, Ryngaert mantém alto o nível de risco e desmonta as tentações de seduzir, de antecipar, de mecanizar-se e de instalar-se no "bonito". *Il faut couper le fil*: no jogo, calma e urgência, domínio da ansiedade e irrevocabilidade da decisão (do latim *decidere*, separar, fender) são segredos de vitória; a cada nova *reprise* no ringue, Ryngaert recomenda partir novamente virgem do concreto "ser/estar", sem memória dos encontros anteriores, sem armazenar nenhum conhecimento

---

[12] Célestin Freinet, pedagogo francês (1896-1966). Utilizando-se, como Paulo Freire, do método global de educação, que acredita na capacidade do aluno de organizar sua própria aprendizagem, Freinet introduz a idéia de "texto livre", cuja leitura é associada à leitura do mundo por parte do sujeito-leitor. Ver Freinet, C. *A educação pelo trabalho*. Lisboa: Presença, 1974.

[13] O estágio de formação foi acompanhado por um seminário informativo em dois encontros, intitulado *Teoria do jogo na formação do ator e do não-ator. Os usos do texto dramático no ensino do teatro – indícios de teatralidade. Por um roteiro de ações*, freqüentado por professores da Escola de Teatro, pedagogos e alunos da pós-graduação. No seminário, a metodologia da educação ativa, tendo o jogo dramático entre seus instrumentos, e a atualidade de suas razões histórico-políticas vieram a ser profundamente debatidas. Ver Tavares, R. *Relatório da visita do Pesquisador e Professor Doutor Jean-Pierre Ryngaert*. Secretaria de Pós-graduação da Escola de Teatro da UNIRIO, dezembro/2000.

O Presente do Jogo

estratégico. Por outro lado, pela exploração da geografia do equilíbrio entre margens e centro do espaço estético e em meio aos corpos nele movidos por pulsões de autonomia/dependência e de atração/recusa, afina-se a sensibilidade individual, recíproca e coletiva quanto à energia em jogo e a sua potencialidade plástica para a criação de imagens a partir da execução serial de configurações espaciais casuais e improvisadas (apoio de olhares, contato a distância, ação/reação simultânea, acomodação dos encontros, agrupamentos). Por esse viés, parece possível trabalhar na direção da identificação de sua própria diversidade por dentro da dinâmica do grupo, sem cair na tentação de fixar-se em máscaras de identidade; já que, no contínuo deslizar das funções expressivas de cada corpo envolvido no processo de execução coletiva do jogo, não estaria mais em jogo uma mímese representativa formalmente determinável (e julgável por seu êxito ou fracasso), mas o imprevisível devir das imagens (em grego, *idéa*, arquétipo, mas também semblante) por meio da epifania de traços de expressão informais e alógicos, "figuras de vida e de saber, [que] sabem algo inexprimível, vivem algo insondável; não têm nada de geral e não são particulares; escapam ao conhecimento, desafiam a psicologia" (Deleuze, 1997: 96). Não fechar o sentido em "forma" estilística ou psicológica, normalizada pelo princípio de não-contradição, mas deixar surgir uma "zona de ambigüidade" (de "vizinhança", ainda com Deleuze, sem excluir a contradição) em que cada figura evoque outras, amplificando-se na indeterminação figural do devir, no jogo desconstrucionista do espelhamento en *abîme*, parece ser a indicação de Ryngaert também em relação ao texto, aproveitado como pretexto de crise permanente entre enunciado e enunciação, significado e significante. As sugestões de efração que surgem quando se leva ao pé da letra o sentido de *"jouer" le texte*, talvez não imediatamente reconvertíveis para fins pragmáticos, de análise ou de montagem, são porém, na perspectiva pedagógica, ricas de efeitos maiêuticos e de anexos críticos: poderemos então *jouer avec le texte, jouer à propos du texte, jouer un sens du texte, jouer en parallèle au texte, jouer la lettre du texte, dire le texte, danser le texte, déconstruir le texte...* e – por que não? – *jouer le tennis avec le texte* (utilizando o texto, fragmentado e distribuído entre os jogadores, como bola de um jogo de tênis em dupla, com regras e pontuação), o que permite "lançar" fisicamente o texto (no outro sentido do português jogar) contra um jogador adversário ou na direção de um aliado, dimensionando-o de forma específica para a zona de consciência adequada e medindo a energia exata requerida por aquele lance. Como em qualquer jogo, o lugar (à margem do campo) do jogador-juiz e seu poder (simbolizado pela diferença na aparência e no código comunicativo) são garantidos pela necessidade de sua observação para configuração da ordem do jogar; assim, no jogo da encenação do texto, o lugar do sujeito interpretante, muitas vezes surpreendendo os atores com sua leitura marginal e estranha das idéias-imagens por eles produzidas, é ressaltado com status de interlocutor indispensável à interação (já que um espetáculo é algo "para ser olhado"); sua participação condiciona o trabalho do ator no sentido da aquisição da consciência auto-reflexiva (de estar sendo efetivamente olhado) e o informa no sentido de abrir sempre o exercício em espetáculo – o que nem sempre é lembrado nos treinamentos corriqueiros.

Ryngaert manipula os elementos lúdicos do teatro com lucidíssima inteligência e com um toque leve, de mestre; sabendo aproveitar o jogo da regra e do desvio e sabendo manter juntos comando e escuta das diversidades, provocação e elegância, *rigueur* e presença humana, ele nos deu com sua intervenção o prazer e o proveito de um trabalho rigoroso e divertido, sempre nos puxando para fora do seguro, do ensaiado, do "bonito" para a margem do risco e da efração – pela qual talvez seja possível "entrar no teatro".

BIBLIOGRAFIA

DELEUZE, G. *Crítica e clínica*. Tradução de Peter Pál Pelbart. São Paulo: 34, 1997.
FREINET, C. *A educação pelo trabalho*. Lisboa: Presença, 1974.
GADAMER, H. G. *Verdade e método:* traços fundamentais de uma hermenêutica filosófica. Petrópolis: Vozes, 1997.
HUIZINGA, J. *Homo ludens:* o jogo como elemento da cultura. São Paulo: Perspectiva, 1971.
ISER, W. *O ato da leitura*. São Paulo: 34, 1996, 2 vols.
RYNGAERT, J. P. *Lire le théâtre contemporâine*. Paris: Dunod, 1993.
_____. *Le jeu dramatique*. Bruxelas: De Boeck, 1991.

_____. *Jouer, représenter*. Paris: Cedic-Nathan, 1985.

TAVARES, R. Relatório da visita do pesquisador professor doutor Jean-Pierre Ryngaert. Secretaria de Pós-graduação da Escola de Teatro da UNIRIO, 2000.

Teatralidade e a Pedagogia do Ator Horizontal

Narciso Telles

Introdução

Este texto insere-se em um conjunto de inquietações e reflexões que vem se desenvolvendo sobre o(s) processo(s) formativo(s) do ator, ou melhor, sobre os procedimentos pedagógicos utilizados por professores na formação dos(as) homens/mulheres de teatro. Articula-se também a um conjunto de pesquisas em curso nas instituições de ensino teatral preocupadas com a formação de atores, diretores, professores de teatro, cenógrafos e teóricos[14].

Para tanto, foi escolhido o campo da pedagogia do teatro como ponto de vista. Segundo Ingrid Koudela:

---

[14] Veja as publicações da ABRACE (Associação Brasileira de Pesquisa e Pós-graduação em Artes Cênicas), especialmente a produção do GT Pedagogia do Teatro & Teatro na Educação (www.unirio.br/abrace).

> *O termo pedagogia do teatro visou não apenas ampliar o espectro da pesquisa na área, trazendo para a discussão os Mestres do Teatro – dramaturgos, teóricos e encenadores–, como também fundamentar a epistemologia e os processos de trabalho em teatro, inserindo-os na história da cultura.* (Koudela. In Santana, 2003: 17)

Conduzir nosso olhar pelo campo pedagógico teatral significa traçar diálogos entre educadores e artistas, percebendo seus pontos de intersecção na construção do fenômeno teatral e sua assimilação pelas instituições formadoras.

O teatro brasileiro contemporâneo, em suas diversas formas e linguagens, vive sob a égide da chamada pós-modernidade, que instaura novas configurações, realocando as fronteiras e as percepções do fenômeno teatral.

O conceito de teatralidade em tempos pós-modernos pode ser fundamental para o entendimento das relações sociais, seus sistemas de representação e suas práticas cotidianas. Como aponta Kosovski, a teatralidade inaugura uma nova possibilidade de olhar o real, "abrindo entrada para possibilidades de outros reconhecimentos deste mesmo real, através do novo olhar que se estabelece".

Dessa forma, é partindo de um olhar pela teatralidade que investigaremos o trabalho pedagógico-teatral desenvolvido pelo diretor Amir Haddad e pelo Grupo Tá na Rua em suas oficinas de despressurização, destinadas ao treinamento e à formação de atores.

A Teatralidade na Voz de Amir Haddad

> *Os valores éticos da burguesia capitalista protestante, que nos últimos dois ou três séculos constituíram as bases sobre as quais se construíram os valores estéticos do espetáculo contemporâneo, vêm sendo constantemente bombardeados.*
>
> *O que se vê atualmente, somos nós, atores, diretores, escritores de teatro, tentando manter de pé um edifício que está visivelmente avariado. O espetáculo, por estes motivos, perde cada vez mais sua importância no mundo em que vivemos e nós, profissionais deste ofício, nos sentimos como verdadeiros dinossauros diante das turbulências históricas que estamos vivendo.*

O trecho acima, retirado do cartaz de divulgação do curso *Só o teatro salva! Quatro semanas e 1/2 com Amir Haddad*[15], apresenta-nos o questionamento de Amir sobre a importância e a função do teatro no mundo contemporâneo. Diante do desmoronamento das torres do World Trade Center em Nova York e da guerra do Iraque, Amir foca seu olhar no papel do teatro nesse contexto e lança a questão: *"Como será o ator em um mundo em mutação?"*

---

[15] Curso ministrado por Amir Haddad no período de 20 de maio a 12 de julho de 2003 na Casa do Tá na Rua – Lapa, Rio de Janeiro.

Para nossa análise, recolocamos a pergunta em outros termos: como será o sujeito neste mundo em mutação? Stuart Hall, em sua obra *A identidade cultural na pós-modernidade*, discute como na pós-modernidade houve um descentramento da noção de sujeito e, conseqüentemente, de identidade. Segundo o autor, o sujeito pós-moderno não teria uma identidade

> *fixa, essencial e permanente. A identidade torna-se uma "celebração móvel": formada e transformada continuamente em relação às formas pelas quais somos representados ou interpelados nos sistemas culturais que nos rodeiam. [...] O sujeito assume identidades que não são unificadas ao redor de um "eu" coerente.* (Hall, 2003: 13)

Esse sujeito fragmentado associa-se ao efeito da globalização, que da mesma forma promove o deslocamento das identidades culturais nacionais, tornando-as por vezes identidades fracionadas ou múltiplas. Tal processo gera em seu interior novas identidades que tendem a manter-se ao redor do conceito de "tradição", resguardando suas origens, enquanto outras operam em um campo distinto, ligando-se ao conceito de "tradução".

Este último tem referência nas novas identidades geradas pelos intercâmbios culturais que acontecem com as pessoas que trazem sua carga cultural originária e as novas aquisições culturais adquiridas nos locais para onde migram.

> *Essas pessoas retêm fortes vínculos com seus lugares de origem e suas tradições, mas sem a ilusão de um re-*

torno ao passado. Elas são obrigadas a negociar com as novas culturas em que vivem, sem simplesmente serem assimiladas por elas e sem perderem completamente suas identidades. Elas carregam os traços das culturas, das tradições, das linguagens e das histórias particulares pelas quais foram marcadas. (Hall, 2003: 88-9)

Nessa "negociação identitária", vincula-se a noção de cultura híbrida, pois essa "nova" identidade rompe as fronteiras da "tradição" para um processo constante de assimilação e reelaboração.

Ortiz (1988) já identifica o processo de mundialização da cultura como um fator determinante para o atrofiamento das culturas nacionais. Para ele, o processo de globalização possibilitou a mundialização do consumo de forma a criar novas redes de identidade e o surgimento de uma cultura internacional-popular. Esta, por sua vez, amplia no interior do processo de desterritorialização da cultura. Na consciência pós-moderna não há lugares "carregados de significado relacional e identitário".

Apoiado no conceito de difusão cultural, o autor percebe esse "espalhamento" pelo mundo de culturas que interagem entre si. A tradição é vista, na perspectiva da modernidade-mundo, como um "processo amplo de socialização das formas e dos objetos culturais" (Ortiz, 1988: 197).

O sociólogo mexicano Nestor Garcia Canclini, em *Culturas híbridas*, analisa o mesmo processo, verificando, nessa obra, as especificidades latino-americanas. A hipótese central é que

> *a incerteza em relação ao sentido e ao valor da modernidade deriva não apenas do que separa nações, etnias e classes, mas também dos cruzamentos socioculturais em que o tradicional e o moderno se misturam.* (1998: 18)

O conceito de hibridação é aqui acionado como capaz de promover o entendimento da realidade latino-americana. Perceber o tecido cultural como híbrido aponta para, segundo o autor, a superação das análises em torno da hegemonia cultural de um determinado setor ou instituição. Passa-se a compreender este tecido como um processo dinâmico de "transformações". As culturas híbridas devem ser vistas como

> *uma articulação mais complexa de tradições e modernidades (diversas e desiguais), um continente heterogêneo formado por países onde, em cada um, coexistem múltiplas lógicas de desenvolvimento.* (Canclini, 1998: 28)

O autor finaliza sua análise informando que

> *a perspectiva pluralista, que aceita a fragmentação e as combinações múltiplas entre tradição, modernidade e pós-modernidade, é indispensável para considerar a conjuntura latino-americana de fim de século.* (Canclini, 1998: 352)

A idéia de hibridação, porém, pode levar-nos à compreensão de que a "pós-modernidade", na América Latina, ocorre em um processo de ajustamento das diferentes culturas, entendendo este como algo pacífico, *a priori* sem conflitos. Sobre essa questão cabe mencionar o trabalho do crítico peruano Antonio Cornejo Polar, que, ao analisar a produção literária latino-americana, chama a atenção para o "conflito implícito numa literatura produzida por sociedades internamente heterogêneas, inclusive multinacionais dentro dos limites de cada país" (2000: 21).

A compreensão de uma unidade latino-americana pode correr o risco de "apagar" em seu discurso uma quantidade de produções culturais não hegemônicas, na formulação ideológica de projetos nacionais associados ao "cânone cultural dos grupos dominantes" (2000: 26). Nesses jogos de hibridação e tensionamentos, engendram-se as novas configurações identitárias da contemporaneidade.

Para avançarmos na direção de compreender esse processo no campo teatral, partindo do discurso e da práxis do diretor teatral Amir Haddad, convido o leitor a regressarmos aproximadamente vinte anos no tempo a fim de observar o desenvolvimento do pensamento estético e pedagógico de um dos mais conhecidos grupos brasileiros de teatro de rua: o Tá na Rua[16].

Fundado em 1980 com atores que já trabalhavam com Amir no grupo de Niterói[17] e novos integrantes, o Tá na Rua nasceu nos espaços abertos, nas ruas, determinando um

---

[16] Será enfocado aqui o pensamento de Amir Haddad dentro do coletivo teatral Tá na Rua, e não sua trajetória como diretor teatral. Cabe mencionar que a atriz Ana Carneiro desenvolve atualmente a pesquisa "O teatro e o coração da cidade – a trajetória de Amir Haddad", junto ao Departamento de Música e Artes Cênicas da Universidade Federal de Uberlândia.

[17] Raiz geradora do Tá na Rua, o Grupo de Niterói (1975-1980), sob a direção de Amir Haddad, estabeleceu como eixo de sua pesquisa a discussão sobre o poder, o autoritarismo, a dualidade dominação/submissão a partir do texto *Morrer pela Pátria*, de Carlos Cavaco (1936). Cf. Carneiro, 1998.

novo momento das inquietações de Amir e seu coletivo sobre o espaço de representação. As saídas de rua do Grupo – principalmente no decorrer da década de 1980 – e o gradativo contato com a cidade, seu público heterogêneo e suas contradições fizeram o grupo rever seus conceitos, atitudes e práticas em relação ao trabalho do ator. Utilizando materiais dramatúrgicos diversos: cordéis, piadas, músicas e improvisações que aos poucos foram ganhando um acabamento de números compõem o repertório do Tá na Rua, que culmina no Manifesto-Ação lançado pelo grupo de modo a demarcar as bases de seu pensamento estético-ideológico-teatral.

Manifesto-ação

Ser artista é uma possibilidade que todo ser humano tem, independente de ofício, carreira ou arte. É uma possibilidade de desenvolvimento pleno, de plena expressão, de direito à felicidade. A possibilidade de ir ao encontro de si mesmo, de sua expressão, de sua felicidade, plenitude, liberdade, fertilidade está ao alcance de todo e qualquer ser humano. Isso não é um privilégio do artista, é um direito do ser humano; de se livrar de seus papéis, de exercer suas potencialidades e de se sentir vivo.

Todo mundo pode viver sua expressão sem estar preso a um papel.

Não se trata de ser artista ou não, mas de uma perspectiva do ser humano e do mundo. Não se trata só de todos os artistas serem operários, mas também de todos os operários serem artistas. Das pessoas terem relações criativas, férteis e de transformação com o mundo, a realidade, a natureza, a sociedade.

O homem não está condenado a ser só destruidor, consumista, egoísta como a sociedade nos leva a crer.

Tá Na Rua

Teatralidade e a Pedagogia do Ator Horizontal

O contato com a população das ruas foi consolidando o que já fora afirmado em seu manifesto, um pensamento teatral sobre o ator e sua formação horizontalizada, percebendo a potencialidade de criação no ser humano, sem diferenças de classe social, gênero ou etnia. Amir percebe que o estado de teatro, a teatralidade, é algo presente na natureza humana. Dois trechos de uma entrevista concedida por Amir aos *Cadernos de Teatro* remetem a essa questão:

> *[...] o teatro, sua vitalidade, sua força transformadora e sua ressonância profunda no inconsciente coletivo da humanidade, que é uma forma de expressão de todo e qualquer ser humano, de um jeito ou de outro. A teatralidade, a capacidade de representar papéis, o jogo, a transformação e o disfarce fazem parte da vida de qualquer ser humano.* (Haddad, 1996: 5)

> *Porque é da natureza do ser humano se expressar, através de si mesmo, através do teatro, da representação, do mimetismo, de se transformar em outra coisa, de mudar de papel, de viver outras identidades, que são todas que nós temos dentro da alma como ser humano.* (Haddad, 1996: 5)

Analisando os trechos acima, podemos notar uma aproximação do pensamento de Amir com o de Nicolás Evreinov. O diretor e teórico russo acreditava que o homem é possuidor de um instinto teatral, uma capacidade de transfiguração que lhe é natural, uma espécie de teatralidade:

> *Todos hemos nacido con este sentimiento en el alma, todos somos seres esencialmente teatrales. En lo referente a este aspecto un hombre culto poco difiere de um salvaje, y un salvaje de un animal.* (Evreinov, 1956: 36)

Podemos perceber que o pensamento de Amir praticado no Tá na Rua e o de Evreinov se coadunam. Essa coerência de discurso é verificada também na prática artística do encenador. Ao defender a libertação desse instinto, Amir procura evidenciar a capacidade transformadora do homem, em que o ator possa redimensionar sua percepção do mundo em profunda transformação. O ator se redescobre internamente para também se redescobrir socialmente, procedimento que norteará o projeto estético-pedagógico do grupo Tá na Rua.

A Pedagogia do Ator Horizontal

Decifrar o cotidiano não é tarefa fácil para o pesquisador interessado em traduzir a dinâmica e a riqueza de um determinado processo pedagógico. Como, então, poderemos compreender os procedimentos cotidianos em uso nas oficinas? Para tanto, nos apoiamos nos estudos de Michel de Certeau sobre as práticas cotidianas.

Certeau desenvolve as noções de estratégias e táticas:

> *As estratégias são portanto ações que, graças ao postulado de um lugar de poder (a propriedade de um próprio), elaboram lugares teóricos (sistemas e discursos totalizantes), capazes de articular um conjunto de lugares físicos onde as forças se distribuem. Elas combinam esses três tipos de lugares e visam dominá-los uns pelos outros. Privilegiam portanto as relações espaciais [...], as táticas são procedimentos que valem pela persistência que dão ao tempo – às circunstâncias que o instante preciso de uma intervenção transforma em situação favorável, à rapidez de movimentos que mudam a organização do espaço, às relações entre os momentos sucessivos de um "golpe", aos cruzamentos possíveis de durações e ritmos heterogêneos, etc.* (1994: 102)

Pesquisar as oficinas de teatro é, portanto, um trabalho que busca compreender as táticas utilizadas pelos grupos para seu fazer pedagógico, penetrando astuciosa e particularmente em cada momento.

Pela multiplicidade das práticas cotidianas, estas, segundo Certeau, devem ser entendidas como um número finito de procedimentos, que aplicam os códigos e normas existentes a uma "ocasião", que se constitui de um certo número de formalidades, diz ele:

> *Em primeiro lugar, os "jogos" específicos de cada sociedade [...] dão lugar a espaços onde os "lances" são proporcionais a situações [...]; os jogos "formulam" as "regras" organizadoras dos lances e constituem tam-*

> bém uma "memória" (armazenamento e classifica-
> ção) de esquemas de ações articulando novos lances
> conforme as ocasiões. (Certeau, 1994: 83-4)

Sendo assim, as táticas utilizadas em uma situação específica possuem uma formalidade própria, que não permite o desvelamento do jogo em sua totalidade. As regras são sempre as mesmas, mas os lances, que são múltiplos, serão escolhidos por cada participante.

Um primeiro ponto a ser tratado concerne à utilização da oficina de teatro como recurso pedagógico. O dicionário *A Linguagem da Cultura* define assim o termo:

> *Oficina – [...] 2) curso informal de breve duração ministrado para o aprendizado de uma técnica ou disciplina artística, sem objetivos oficialmente profissionalizantes; [...] 4) laboratório (local ou recinto); em francês* ateliê, *em inglês* workshop (2003: 474).
>
> *Workshop – 1) termo inglês correspondente a oficina ou ateliê*[18]; *2) curso intensivo ou condensado nas áreas artística e esportiva; 3) experimentação de uma técnica ou de uma estética, principalmente nas áreas teatral e coreográfica, com a função de "laboratório", ou seja, de pesquisa formal. Com esse sentido foram constituídas escolas de renome no séc. XX, como a Dramatic Workshop de NY, na qual trabalhou Erwin Piscator,*

---

[18] Ateliê – estúdio, recinto ou local de aprendizado de técnicas e de criação de obras artísticas, equipado com ferramentas, máquinas e materiais adequados a uma ou várias expressões (2003: 81).

> *o Theatre Workshop, da encenadora inglesa Joan Litlewoad ou o American Lyric Theatre Workshop, do centro de aprendizado e de criação de dança do coreógrafo Jerome Robbins.* (2003: 677)

A oficina de teatro é um recurso metodológico amplamente utilizado nas atividades artístico-pedagógicas, caracterizada como uma ação pedagógica ativista, na qual o professor/oficineiro direciona as atividades de forma a estabelecer um exercício dialético entre o seu conhecimento e o que os participantes trazem de seu universo sociocultural. Nessa medida, a oficina torna-se um momento de experimentar, refletir e elaborar um conhecimento das convenções teatrais, buscando instrumentalizar os participantes com um conhecimento teatral básico, a vivência de uma atividade artística que permite uma ampliação de suas capacidades expressivas e consciência de grupo. No caso dos grupos teatrais, valemo-nos da observação de Argelander:

> *Historicamente, os* workshops *(oficinas) de teatro foram organizados dentro de uma estrutura flexível de atuação do grupo; o* workshop *em si mesmo funcionava com duas capacidades básicas: a primeira, e mais importante, como um lugar para se livrar das classes dogmáticas de atuação no sentido de explorar novas idéias e a segunda, como forma prática de fazer produções que poderiam refletir mais os valores pessoais do grupo do que os valores padronizados do teatro comercial.* (Argelander apud Ligiéro, 2003: 26)

As oficinas são estruturadas, quase sempre, por exercícios de voz, corpo, jogos e improvisação. Os jogos e as improvisações, elementos básicos no ensino do teatro, são utilizados nesses trabalhos por permitir que o material colhido na trajetória do grupo e de seus membros seja apropriado e canalizado para o desenvolvimento da criatividade e da expressão cênica dos participantes.

As oficinas de teatro oferecidas pelos coletivos teatrais, em sua maioria, têm o objetivo de socializar elementos ideológicos e técnicas gestadas por esse coletivo ao longo de sua existência. Nelas, o pensamento ético e estético são incorporados às atividades pedagógicas, e atores e encenadores vão assumindo o papel de artitas-docentes e, assim, configuram uma pedagogia teatral.

Normalmente, as atividades artístico-pedagógicas de um grupo ficam a cargo de um membro específico, que tem a função de organizar pedagogicamente os materiais técnicos trabalhados por todos os integrantes ao longo de sua carreira. Em alguns casos, cada membro se torna um especialista em um determinado instrumental técnico e sua oficina será conduzida a partir dele. Dessa forma, acreditamos que a dissociação entre a prática artística e a prática docente, muito comum no meio universitário, não alcança a mesma dimensão nas práticas pedagógicas dos grupos.

A educadora e dançarina Isabel Marques, ao tecer considerações entre a relação entre prática artística e prática pedagógica, propõe o conceito de artista-docente como um espaço de integração entre esses dois universos, colocados como distintos tanto por artistas quanto por educadores, mas integrados em sua práxis na construção de um trabalho artístico-educativo,

> *não abandonando suas possibilidades de criar, interpretar, dirigir, têm também como função e busca explícita a educação em seu sentido amplo.* (Marques, 2001:112)

O ano de 1981 é apontado como o momento de definição da linguagem atorial desenvolvida pelo Tá na Rua, procurando um ator que

> *não é diferente do povo a quem ele se dirige e com quem quer exercitar sua arte. Um ator aberto, lúdico, generoso no coração e capaz de acreditar na força transformadora do seu ofício*[19].

Esse ator que aqui denominamos horizontal não tem como meta qualquer aprendizado técnico que desenvolva uma virtuosidade específica para seu exercício de atuação. O que se busca é a expressão de seu instinto de teatralidade ontológico ao ser humano.

Nesse mesmo ano, o Grupo iniciou suas oficinas de teatro, atualmente chamadas de "oficinas de despressurização", desenvolvendo uma prática artístico-pedagógica a partir de então.

Assim, entendemos as oficinas de despressurização como o momento em que o Tá na Rua exercita sua pedagogia teatral e promove o ensino/aprendizagem de sua linguagem teatral.

---

[19] www.artes.com/tanarua.

Em sua página na Internet o Grupo apresenta sua oficina:

> A oficina teatral do Grupo Tá na Rua *é um espaço específico para treinamento e desenvolvimento de atores e não-atores, visando ao afloramento da expressão lúdica no jogo teatral. Através de oficinas práticas em que são usados diversos elementos teatrais, como roupas, perucas, máscaras e outros materiais cênicos, e estímulo musical permanente, os participantes vão encontrando, livremente, o seu próprio caminho de descobertas do uso do espaço, da relação com o outro, da expressão teatral. Exercícios livres, imagens, cores e movimentos possibilitam a vivência dos personagens contidos no imaginário de cada um e da sociedade; a alternância dos papéis, uma experiência de liberdade. Soltando os canais da expressão através da quebra dos nossos códigos cotidianos de comportamento, preparamos um ator capaz de ir ao encontro de sua expressão mais ampla, integrado e participante de sua realidade e com possibilidades de trocar a camisa de força da ideologia pelos trapos coloridos da fantasia*[20].

A oficina, ao longo dos anos, foi adquirindo uma estrutura permanente para que o processo se instalasse, como descreve a atriz e professora Ana Carneiro:

---

[20] www.artes.com/tanarua.

[...] as pessoas chegam, e o material já está na sala, disposto de modo a ser visto e encontrado com facilidade: máscaras, panos, roupas, perucas e outros objetos que favorecem a transformação, material já usado, doado ao grupo e que constitui seu patrimônio. São cores, brilhos, texturas que modificam os corpos, contribuem para a liberação dos sentimentos e estabelecem um estado de teatro, de representação, em relação a tudo que ali acontece, transformando em teatralidade/teatro os amores, as paixões, os ódios, os medos, a violência e tudo mais que aflora [...] (Carneiro, 1998: 66)

O percurso da oficina objetiva chegar ao ator desenvolvido, que experiencie os personagens que vão aparecendo em seu imaginário e são externalizados pelos estímulos propostos, sem identificação ou fixação em um papel. Eles nascem e morrem durante o jogo. São criados no espaço de trabalho pelo puro exercício de teatralidade.

A proposta pedagógica é "pôr para fora" imagens, para que ganhe liberdade, espontaneidade e jogo. A linguagem atorial que se pretende alcançar necessita da quebra de condicionamentos, barreiras já incorporadas socialmente. Se refletirmos sobre essa questão em relação à técnica, podemos pensar que chegar ao que o Grupo denomina "estado de teatro/teatralidade" é a busca técnica em que se propõe um retorno ao instinto teatral.

Tanto que o próprio nome dado à oficina – "despressurização" – indica o fato de que o Grupo observava a capacidade de descarrego do dia-a-dia dos participantes proporcionada pela música. Carneiro comenta:

> *Os momentos iniciais das oficinas, em que as pessoas chegavam carregadas de tensões cotidinanas, eram o período de despressurização, após o qual as energias começavam a fluir com mais harmonia e se alcançavam níveis de sentimento e expressão mais profundos, que permitiam maior teatralidade no trabalho.* (Carneiro, 1998: 75)

Aqui, mais uma vez, o termo teatralidade aparece como um instinto de transmutação, um ser outro que o difere da vida cotidiana. Kosovski afirma que, quando o exercício do instinto de teatralidade é manifesto, transforma sua percepção da realidade, pois o homem começa a compreender que, além do seu "eu", existem outros "eus" que podem existir através de sua imaginação (Kosovski, 2001: 327).

Por meio de músicas, peças de roupas, máscaras e chapéus os alunos da oficina vão aprofundando sua percepção sobre si, sua capacidade criativa, sua relação com o espaço e com o outro, procurando uma corporalidade liberta, sem bloqueios, que possibilite o jogo e a brincadeira.

Os materiais utilizados na oficina compõem a estética do bloco de sujos. Roupas, panos, chapéus, acessórios e perucas fazem parte de um acervo do próprio grupo e são utilizados em seus espetáculos, cortejos, participações carnavalescas. Quase todos esses materiais possuem intencionalmente um desgaste: estão parcialmente quebrados, gastos, furados, enfim, sujos, no sentido de terem uma vida (em outras montagens, de doações), serem utilizados, em sua grande maioria, na vida cotidiana, salvo as fantasias de carnaval.

Esses materiais e os exercícios de improvisação, que nascem no trabalho de forma espontânea, pela relação de afetos que vão gradativamente sendo estabelecidos durante os encontros/aulas, proporcionam que a cultura da rua também seja, mesmo sem a percepção clara dos artistas-docentes, introduzidas nas atividades propostas.

Em suas apresentações, o Tá na Rua vai encontrando entre cantos, terrenos baldios, praças e largos a cultura da rua carioca; o contato direto com esse público faz que os atores tenham de lidar com essa cultura e seus aspectos grosseiros, jocosos, sexuais e escatológicos. Estes passam a fazer parte do treinamento dos atores, dando uma certa "forma *tá na rua* de atuação", que surge gradativamente nas oficinas de despressurização, por meio de improvisos e estímulos suscitados, pelo material presente no local de trabalho.

Porém a proposta inicial não é alterada e vai sendo acrescida no decorrer dos anos e das saídas de rua; continua-se o processo de busca de um "novo" ator, mais próximo desta platéia, mais horizontal.

Concluindo o Inconcluso...

A teatralidade, tal qual verificamos no discurso e na prática pedagógico-teatral do Tá na Rua, assemelha-se ao conceito de instinto teatral desenvolvido por Nicolás Evreinov e proporciona uma possibilidade de socialização do conhecimento teatral, ao afirmar que todo homem possui em sua ontologia o instinto de transmutação, retira da função seletiva e divina do dom o fator determinante para o aprendizado teatral.

A pedagogia teatral que o Tá na Rua vem desenvolvendo, sob orientação de Amir Haddad, responde, ao nosso entender, às imposições da rua como espaço cênico e, ao mesmo tempo, apresenta uma proposta de formação e treinamento atorial, pensada e praticada pelo grupo, e que possa oferecer uma possível resposta à pergunta lançada: como será o ator em um mundo em mutação? Será um ator com liberdade?

BIBLIOGRAFIA

CANCLINI, N. G. *Culturas híbridas:* estratégias para entrar e sair da modernidade. São Paulo: Edusp, 1997.

CARNEIRO, A. *Espaço cênico e comicidade:* a busca de uma definição para a linguagem do ator – Grupo Tá na Rua 1981. Dissertação (Mestrado em Teatro). Centro de Letras e Artes. Programa de Pós-graduação em Teatro, UNIRIO, Rio de Janeiro, 1998.

_____ & TELLES, N. (orgs.) *Teatro de Rua:* olhares e perspectivas. Rio de Janeiro: E-papers, 2005.

CERTEAU, M. *A invenção do cotidiano*: artes do fazer. Petrópolis: Vozes, 1994.

EVREINOV, N. *El teatro en la vida*. Buenos Aires: Ediciones Leviatán, 1956.

GRUPO TÁ NA RUA. *O teatro de rua do Grupo Tá na Rua*. Rio de Janeiro: RioArte, 1983.

_____. Disponível em: http://www.artes.com/tanarua. Acesso em 15 de julho de 2003.

HADDAD, A. Entrevista. *Cadernos de Teatro*, Tablado (Rio de Janeiro) n. 146, p. 1-10, jul.-set. 1996.

HALL, S. *A identidade cultural na pós-modernidade*. Rio de Janeiro: DP&A, 2003.

KOSOVSKI, R. *Teatralidade como matriz comunicacional* – novas percepções. Tese (Doutorado em Comunicação e Cultura). Escola de Comunicação, Programa de Pós-graduação em Comunicação, Universidade Federal do Rio de Janeiro (UFRJ), Rio de Janeiro, 2001.

KOUDELA, I. Hífens e reticências... In: SANTANA, A. P. (coord.) *Visões da Ilha – Apontamentos em Teatro e Educação*. São Luís: Grupo de Pesquisa em Ensino do Teatro & Pedagogia Teatral, 2003, p. 15-9.

LIGIÉRO, Z. *Teatro a partir da comunidade*. Rio de Janeiro: Papel Virtual, 2003.

MARQUES, I. *Ensino de dança hoje* – textos e contextos. São Paulo: Cortez, 2001.

ORTIZ, R. *Mundialização e cultura*. São Paulo: Brasiliense, 1988.

POLAR, A. C. *O condor voa:* literatura e cultura latino-americanas. Belo Horizonte: Editora UFMG, 2000.

TELLES, N. *O teatro que caminha pelas ruas*. São Paulo: Nativa, 2002.

O CONHECIMENTO EM JOGO NO TEATRO PARA CRIANÇAS[21]

André Brilhante

A importância do estudo trazido pela pesquisa do Mestrado na UNIRIO está em tornar mais discutido o espetáculo teatral como uma atividade educativa para o espectador e ampliar a reflexão que ronda os três termos-chave do nosso estudo: teatro, educação e criança.

É muito comum encontrarmos a utilização do termo didático atribuindo um valor pejorativo a algum objeto. Quando ouvimos falar de um "teatro didático", estamos, geralmente, ouvindo falar de um espetáculo chato, que tenta se aproximar de uma aula em cima do palco, e por isso é desagradável e intragável. Mas se, por outro lado, compreendermos a didática como uma ferramenta criada para amparar o processo educativo e estabelecer mecanismos que garantam

---

[21] *O conhecimento em jogo no teatro para crianças* é também o título da dissertação de mestrado em Teatro defendida em outubro de 2004 por André Brilhante, com a orientação da professora doutora Beti Rabetti, pelo Programa de Pós-graduação em Teatro (PPGT) na Universidade do Estado do Rio de Janeiro (UNIRIO).

a aquisição do conhecimento, como pode ela ser algo entediante? Por que então se constrói esse juízo de péssimos valores ao "teatro didático"? Será que se deve a uma visão que coloca a Educação como uma atividade chata a ser praticada exclusivamente na escola? Não será possível uma comunhão entre conhecimento e diversão? Talvez sejam essas perguntas as grandes chaves da nossa discussão.

Por muitas vezes tentamos setorizar o olhar da área de teatro-educação sobre as atividades desenvolvidas em aulas de teatro, pouco envolvendo o teatro enquanto espetáculo nas discussões da área.

Por outro lado, já estamos em um outro momento; prova disso são a defesa da dissertação em uma universidade federal e o convite para a publicação deste artigo em um livro que tem como temática a área de teatro-educação. É importante que cada vez mais possamos incluir o espetáculo teatral como objeto de estudo dos "teatro-educadores" e que possamos perceber que ação educativa se propõe por meio da fruição teatral.

Sob esse ponto de vista, a referência fundamental para a discussão das relações entre conhecimento e diversão no teatro para crianças, na medida em que exige aprofundamento na questão pontual da didática no teatro, é Bertolt Brecht. Este encenador alemão, que viveu de 1898 a 1956, destaca-se nesta pesquisa pelo alcance de seus estudos teóricos e práticos em relação ao teatro didático, especialmente pelo lugar que ocupam em sua proposição por um teatro épico. Brecht empreendeu uma reflexão muito valiosa em que o teatro assume, explicitamente, uma proposta pedagógica. É

O Conhecimento em Jogo no Teatro para Crianças

natural, quando falamos a respeito desse grande encenador e pensador do teatro, levarmos em consideração o contexto em que ele esteve inserido: suas peças didáticas, material que nos interessa para a pesquisa, foram desenvolvidas em uma época em que, após a Primeira Guerra Mundial, a educação européia passou a lançar sobre a criança um olhar muito particular. No entanto, se consultarmos alguns importantes estudiosos brasileiros acerca de seu "teatro didático", veremos que suas contribuições ultrapassaram épocas e fronteiras.

As discussões de Brecht foram aproveitadas e direcionadas para a área da educação e ampliaram as pesquisas que estabelecem associação entre teatro e aprendizagem. Ingrid Koudela[22] ressalta a importância, para a área de teatro-educação, da experiência brechtiana com as peças didáticas, em que teatro e pedagogia se encontram voltados, a princípio, para o público infantil. O material dessa preciosa fase do teatro brechtiano pode alimentar e embasar discussões que focalizam o encontro de teatro e educação. Koudela (1991: 29) ressalta a ligação das peças didáticas brechtianas com a escola e as crianças:

> *O conceito de peça didática de Brecht deve ser compreendido como uma síntese crítica entre as várias tendências que procuravam relacionar teatro e pedagogia. Ele se dirigiu a crianças, mas as peças didáticas foram também realizadas por adultos (a peça didática*

---

[22] Professora doutora do Programa de Pós-Graduação em Artes da Escola de Comunicação e Artes da Universidade São Paulo – ECA/USP. Autora de diversos livros na área de teatro-educação.

de Baden-Baden sobre o acordo e a decisão). Quatro dos seis textos e dois fragmentos que constituem as peças didáticas de Brecht foram escritos especificamente para ser usados por crianças em escolas.[23]

Como também destaca a autora, é importante observar que várias peças do repertório didático de Brecht recebem indicações do tipo "peça didática para rapazes e moças", "peça sobre dialética para crianças", "peça didática para escolas" e "ópera escolar", o que estimula uma reflexão sobre esses textos dramáticos que associe teatro, pedagogia e infância.[24]

Brecht chega à compreensão de um teatro que nos parece muito interessante em seus textos teóricos. O Teatro Épico apresenta fatos para o espectador, almejando que este se incomode pelo que é apresentado e, por meio de suas próprias conclusões, se sinta na iminência de entrar em ação para interagir no problema apresentado pelo teatro.

Com a pesquisa, aproximamo-nos de definições para diferenciar o didático e o didatismo como elementos díspares, que poderiam definir uma boa e uma má utilização do didático no teatro. O didatismo, este sim, estaria associado à colocação de informações em cena de forma desprovida de

---

[23] KOUDELA, I. D. *Brecht: um jogo de aprendizagem*. São Paulo: Perspectiva, 1991, p. 29.

[24] Nas traduções das peças para a língua portuguesa, publicadas pela editora Paz e Terra (Rio de Janeiro), mantêm-se alguns desses subtítulos, como: *O vôo sobre o oceano – peça radiofônica para rapazes e moças, Aquele que diz sim e aquele que diz não – ópera escolar, A exceção e a regra – peça didática, Os horácios e os curiácios – peça escolar, A decisão – peça didática*.

elementos teatrais, quando a cena perde suas características para se tornar aula "chata" no palco, quando o espectador não é seduzido para a peça e nem para a aula.

No didático é possível buscar o prazer da reflexão, base da educação e da construção do conhecimento, quando a criança-espectadora pode despertar seu olhar para um agradável e curioso exercício sobre o que lhe é apresentado em cena. Os elementos cênicos são capazes de gerar lacunas e dúvidas que alimentam a construção do saber.

Podemos ver, por meio de uma análise histórica, como a instituição escolar vai se construindo e se desenvolvendo e como ela passa, nos dias de hoje, a ser sinônimo de educação. A escola torna-se responsável pela formação do indivíduo cidadão, mesmo não sendo o único agente a se encarregar disso. Com isso, o termo "didático", que se apresenta como a instrumentalização de uma prática pedagógica, carrega em si as sinonímias "moralizante" e "transferidor de valores"; segundo esse sentido, o professor, ainda pautado pela pedagogia tradicional, transmite o conhecimento de forma puramente verbalizada e afastada da vida e considera a criança um ser incompleto que precisa absorver seus ensinamentos.

Assim, o teatro para crianças que tem objetivo pedagógico pode utilizar a didática escolar, moralizante e de transferência de valores para ser "educativo" na cena. No entanto, é preciso esclarecer que existe outra didática, capaz de instrumentalizar objetivos pedagógicos no teatro para crianças e que tem como referência não a estrutura escolar tradicional, mas a educação em seu sentido amplo, ou seja, o ato pedagógico que se dá pela experiência de vida, ressaltando valores pessoais de ordem prática ou subjetiva e valores coletivos sociais, históricos, políticos etc.

É, portanto, de extrema importância para nosso estudo diferenciar o teatro didático que se utiliza da didática escolar do teatro didático que pesquisa uma didática específica para a cena. Neste último, consideram-se os elementos lúdicos, estéticos e críticos do teatro para sua encenação e prática educativa; em suma, pratica-se a noção de educação em seu sentido amplo.

Nesse sentido, podemos dividir o teatro didático em duas modalidades diferentes: a que se utiliza da didática escolar e a que cria para si uma didática fundamentada nos elementos teatrais. Para análise e diferenciação, denominaremos aqui o teatro baseado na didática escolar tradicional "teatro escolarizado".

Em *No Reino das Desigualdades*,[25] Maria Lúcia Pupo faz uma análise de diversos textos do teatro para crianças, manipulando, entre outras terminologias, uma que merece nossa atenção: o didatismo.

Torna-se importante para o tema da presente pesquisa uma especulação acerca dessa palavra e de pistas que tracem fronteiras para sua definição. O termo teria uma tradução próxima a uma visão pejorativa do didático; o didatismo estaria ligado a uma veiculação do conhecimento baseada na pedagogia tradicional refletida na cena, muitas vezes apresentando-se sob a forma de explicação, que se utiliza de elementos narrativos.

---

[25] PUPO, M. L. S. B. *No reino da desigualdade:* teatro infantil em São Paulo nos anos setenta. São Paulo: Perspectiva, Fapesp, 1991.

O Conhecimento em Jogo no Teatro para Crianças

O didatismo é uma das várias categorias (como maniqueísmo, estereótipo, moralização) destacadas de trechos das peças analisadas por Pupo. Essas categorias seguem uma abordagem mais flexível da análise qualitativa e exemplificam peculiaridades diversas encontradas nas fontes pesquisadas. A autora identifica a presença freqüente da narração nos textos dramáticos analisados que têm como objetivo a defesa de uma tese:

> *As peças, que têm como objetivo a defesa de uma tese, sejam elas de cunho moral ou não moral, apresentam a figura do narrador com maior freqüência. Este fato se explica pela preocupação, consciente ou não, por parte do autor, em transmitir uma mensagem inequívoca, isenta da possibilidade de eventuais ambigüidades no momento da decodificação.*[26]

Patrice Pavis, em seu *Dicionário de teatro*, define essa produção preocupada com a definição de uma tese como "teatro de tese". E, no texto, aponta alguns riscos inerentes a esses espetáculos:

> *As peças desenvolvem uma tese filosófica, política ou moral, buscando convencer o público de sua legitimidade e convidando-o a analisar mais a reflexão que suas emoções.*
>
> *Este gênero goza hoje de má fama, pois o assimilamos (muitas vezes rapidamente demais) a uma aula de*

---

[26] Id., Ibid., p. 50.

> *catecismo ou de marxismo e considera-se que ele* trata
> o público como uma criança, *em vez de obrigá-lo*
> *a "procurar a saída" (Brecht). É verdade que, com*
> *muita freqüência, a importância das teses evocadas*
> *leva desagradavelmente a negligenciar a forma, a*
> *usar uma estrutura que serve para tudo e um discurso*
> *demasiado discreto, e rapidamente tedioso.* Daí sua
> fraqueza estética e a frustração do público, a quem
> se dá a aula. [grifo nosso][27]

Dessa citação, não podemos deixar de comentar, no âmbito de nossa pesquisa, a referência feita à criança, posta sob uma visão preconceituosa que subestima sua inteligência, como se ela fosse incapaz de "procurar a saída", bem como o fato de essa visão, comum em nossa sociedade, ser a principal responsável pela utilização de recursos do didatismo. Contrapondo a preconceituosa visão, uma redentora citação de Brecht salva o intelecto infantil: "A experiência demonstra que as crianças compreendem, tão bem quanto os adultos, tudo o que merece ser compreendido."[28]

Cabe destacar também, do texto de Pavis, a *fraqueza estética* a que um espetáculo se pode submeter para servir ao didático. É esse talvez o maior medo dos teóricos na relação do teatro com o didático, decorrente da possibilidade de o

---

[27] PAVIS, Patrice. *Dicionário de teatro*. Tradução sob a direção de J. Guinsburg e Maria Lúcia Pereira. São Paulo: Perspectiva, 1999, p. 385.
[28] BRECHT, B. apud CARVALHO, F. A. D. *O teatro épico e a criança*. Dissertação apresentada ao Curso de Pós-graduação em Educação da Universidade Federal Fluminense, Niterói, 1995, p. 133.

teatro, embasado por idéias equivocadas a respeito da criança e da educação, abandonar qualidades que lhe são inerentes e essenciais para colocar-se a serviço de outros objetivos; o cerne da questão está na idéia de que o teatro deve resguardar sua função de obra artística antes de assumir outras parcerias e/ou objetivos.

Pupo, ao destacar o termo didatismo, alerta para a má utilização do didático em cena. Assim, o teatro perde suas qualidades para ter como objetivo principal a "explicação", ou seja, tornar claro e inteligível para os espectadores aquilo que lhes pudesse parecer obscuro ou ambíguo. Ao pesquisar o teatro para crianças – um teatro que estabelece uma relação entre desiguais: um adulto artista e um espectador infantil –,[29] o risco de transformar um teatro didático em uma "aula disfarçada de teatro", o que não será nem uma boa aula, nem um bom teatro, torna-se ainda mais presente.

Em sua dissertação,[30] Flávio Carvalho chama a atenção para a má utilização do didático em cena. Segundo o autor, é bastante comum que os espetáculos destinados às crianças incorram em frágeis objetivos didáticos e se esqueçam dos cuidados estéticos essenciais à construção de uma boa cena:

> *A luta para tirá-lo (teatro para crianças) da marginalidade é a mesma que se trava para tirar dele o caráter de "especificidade" [...] A busca de uma criação específica, de um teatro específico, feito "para crian-*

---

[29] O adjetivo infantil aparece com o significado de *próprio de alguém que se comporta como criança; ingênuo; tolo*, em Houaiss e Vilar, op. cit.
[30] CARVALHO, op. cit.

ças", quase sempre com forte preocupação pedagógica, nubla a dimensão estética da obra.[31]

Em sua tese de Doutorado, Carvalho continua a se referir ao mau didático ou didatismo, com um olhar sobre a inocuidade do excesso de informações em cena:

> *a informação excessiva, afirma-se, é uma das melhores induções ao esquecimento". E isto porque, na superdosagem informativa, não há espaço e tempo para a reflexão, com a mesma velocidade que entra na rede, a notícia desaparece, qualquer história veiculada é rapidamente relegada ao caráter de passado distante, sem ser ao menos digerida.* (Harvey, 1992: 315)[32]

Maria Clara Machado associa a noção de didatismo à narração, como se a ação dramática fosse a solução para se evitar o mau didático em cena. Para a autora, a identificação por parte do espectador está vedada às ações do personagem e não a suas narrações.

> *As leis que regem a maneira de se escrever para crianças são as mesmas para qualquer peça de adultos. A cena é lugar onde se vivem situações, e não sala de aula onde atores dizem coisas para educar a criança. Se quisermos dar alguma lição à criança, essa lição*

---

[31] Id., Ibid., p. 120.
[32] Id. *A pedagogia do espectador*. Tese (Doutorado em Educação). Faculdade de Educação da Universidade de São Paulo, São Paulo, 2001, p. 146.

*tem de ser vivida em cena e não simplesmente dita.
Que a ação não seja apenas um pretexto para a lição,
mas que a lição esteja contida na ação. A criança se
identifica muito mais com o herói que age do que
com o herói que diz como deve agir.*[33]

Fica clara na citação a idéia de "lição" como algo que se reduz a uma única leitura sobre o material apresentado. No entanto, o teatro didático para crianças, como fenômeno artístico, deve permitir várias leituras que, por vezes, são provocativas e instigantes; é muito mais uma questão do que uma lição. Aquela é uma visão simplificada, a qual focaliza um problema que se demonstra mais complexo do que como Machado o apresenta; ter ação não é certeza de não ter didatismo; nem eliminar a narração, substituindo-a pela ação, garante ausência de chatice.

É preciso cuidado ao falar sobre o didatismo para não depreciarmos a linguagem épica; a narração a que Pupo se refere diz respeito a uma utilização leviana desse recurso, sem outra intenção que não seja sanar a precariedade da comunicação estabelecida entre o palco e a platéia.

É importante que não se atribua à narração a responsabilidade pelo didatismo, para não reforçar a visão, já ultrapassada pelo teatro contemporâneo, de que a linearidade dramática e o efeito ilusório da cena são os traços mais nobres da arte dramática.

---

[33] MACHADO, M. C. O que deve se oferecer à criança? In: *Cadernos de Teatro*, n. 164-5. Rio de Janeiro: O Tablado, 2001.

> *A fala autoral – o enunciado narrativo – é confiada aqui ao ator. [...] Foi este um privilégio à disposição do ator do teatro grego, romano, medieval, elizabetano e do* Siglo de Oro *espanhol, só para enumerar alguns momentos da história do teatro ocidental. Quando começa a forjar-se a gradual, mas avassaladora, imposição do ilusionismo como dogma da arte dramática, falar diretamente para a platéia, por implicar numa evasão explícita do espaço do imaginário, passou a ser condenada como prática espúria e destruidora da pureza dramática, da verossimilhança, da ilusão perfeita. A atuação narrativa, portanto, foi banida da cena – pelo menos da cena consagrada pela cultura oficial. [...] O restabelecimento da teatralidade antiilusionista a partir da hibridização da forma dramática com procedimentos épicos e poéticos é, sem dúvida, uma das maiores conquistas da revolução sofrida pelo palco contemporâneo.*[34]

A crítica à narração, como um recurso utilizado no teatro para fazer a explicação em cena, é derrubada pelas novas discussões de um teatro contemporâneo, que se vê cada vez mais narrativo e disposto a misturar todas as linguagens possíveis. Nem sempre a narração encerra questões ou define exatas interpretações, mas possibilita apresentar

---

[34] NUNES, L. A. Do livro para o palco: formas de interação entre o épico literário e o teatral. In: *Percevejo, revista de teatro, crítica e estética*, ano 8, n. 9. Rio de Janeiro: Departamento de Teoria do Teatro, Programa de Pós-graduação em Teatro/ UNIRIO, 2000, p. 40.

uma dúvida de maneira objetiva, instigar diretamente o público, provocá-lo, e se comunicar diretamente com ele. E não podemos cair na ignorância de afirmar que a narração isenta a teatralidade da cena e transforma o teatro em algo maçante e sem poesia.

Parece que a todo momento temos de afirmar que é possível aprender brincando, se divertindo, e que isso não desmerece a atividade educativa. Parece que o senso comum quer colocar de um lado tudo o que é divertido e alegre, como o teatro, a música e as artes em geral, e do outro todas as atividades sérias e sisudas, que não têm espaço para a brincadeira, como o trabalho e o aprendizado. Será que estamos ainda numa tentativa romana de dividir a vida do homem em dois tempos: época do ócio e época do negócio? Prazer *versus* desprazer? Talvez a solução para não cair nessa cilada esteja em poder perceber que essas áreas se infiltram uma na outra, e não existem fronteiras tão demarcadas para separá-las.

E é esse também o caminho da Educação, buscando envolver o educando com cada vez mais emoção e criatividade. Em uma recente publicação da revista *Nova Escola*,[35] podemos perceber que muito se fala sobre o prazer e o humor como elementos necessários para um bom aprendizado por parte do aluno. O título da matéria já anuncia: *É assim que se aprende*; e o texto fala da importância da emoção para gerar a atenção do aluno sobre o objeto a ser estudado.

---

[35] GENTILE, P. É assim que se aprende. *Revista Nova Escola*, jan./fev. 2005, ano XX, n. 179, p. 52.

> *Está provado: um aluno emocionalmente envolvido com o conteúdo aprende mais. Saber como funciona o cérebro da criança vai ajudar você, professor, a planejar suas aulas e a escolher as melhores atividades para a turma.*
>
> Paola Gentile[36]

Depois da provocativa chamada da matéria, o texto desenvolve, por meio de comprovações científicas, o estudo do cérebro das crianças e da maneira como elas desenvolvem seu aprendizado, destacando a potencialidade das emoções em turbinar o funcionamento do raciocínio:

> *Despertar emoções é uma forma de fazer, os estudantes prestarem atenção. Sem concentração, o cérebro não armazena.* "Estar atento é abrir as portas sensoriais, lingüísticas e cognitivas para o novo conteúdo", *afirma Sidarta Ribeiro, pesquisador da Duke University Medical Center, nos Estados Unidos. A atenção é produto da ação da noradrenalina, que ajuda a deixar os sentidos voltados para a realização de uma atividade e turbina a superfície do cérebro (córtex), onde ficam as memórias.*
> *[...]*
> "O humor permite ao cérebro fazer relações atípicas e percorrer um caminho diferente para armazenar e resgatar informações", *acrescenta Elvira Souza Lima.*

---
[36] Ibid., p. 52.

O Conhecimento em Jogo no Teatro para Crianças

> *"Criar situações interessantes para ensinar vai fazer com que o aluno associe o aprendizado ao prazer" afirma a neurolingüista Yeda Mazepa Pereira, da Clínica Psicologia do Ser, em Curitiba."* [37]

Ao ler sobre emoções e humor na matéria, faz-se conexão diretamente com o teatro e suas potencialidades educativas. Apresentar os temas a serem estudados por meio de espetáculos pode ser um caminho para despertar a atenção do aluno para um aprendizado eficaz. No teatro, trabalhamos com os sentidos da platéia, estimulando as mais diferentes emoções e podendo abordar com humor temas que parecem tão sérios. Isso nos leva a crer que a Educação caminha, cada vez mais, para encontrar sugestões criativas no teatro a fim de propor novas estratégias, como já previa Tolstoi:

> *A escola do futuro não será, talvez, uma escola como nós a conhecemos – com bancos, quadros-negros e tablado para o professor – ela poderá ser um teatro, uma biblioteca, um museu ou um debate.* [38]

E assim Brecht se torna mais oportuno e mais atual a essas discussões, sempre afirmando que o teatro tem uma grande capacidade educativa, sem que precise se corromper ou perder suas qualidades mais nobres: "O teatro permanece

---

[37] Id., Ibid., p. 55.
[38] TOLSTOI apud McCASLIN, N. *Creative drama in the classroom.* Tradução do autor. Nova York: Longman, 1990. p. 283.

teatro, mesmo quando é teatro pedagógico e, na medida em que é bom teatro, é diversão".[39]

Percebemos que a experiência do teatro didático de Bertolt Brecht é uma boa referência para o desenvolvimento de produções teatrais, para crianças, com intenções didáticas. Brecht nos mostra o equilíbrio possível entre um espetáculo agradável ao público e suas questões. A cena brechtiana é divertida sem deixar de ser instigante e educativa, colocando a platéia numa prazerosa situação de reflexão.

O teatro, com intenções didáticas, encontra na linguagem épica um caminho para apresentar seus temas e abrir questões que podem ser sugeridas pelo espetáculo, favorecendo a reflexão na fruição teatral. O teatro épico não dá respostas a seus espectadores, mas estimula-os a refletir e buscar soluções para o que é problematizado pela cena teatral. A didática brechtiana ensina-nos que a própria construção cênica investigativa de um tema instigante para os espectadores se torna diversão, em que se tem prazer e se aprende simultaneamente.

Para tanto, é preciso compreender a criança sem clichês, preconceitos ou maniqueísmos, e a infância como uma fase com questões e interesses próprios, repletos de leituras e releituras do mundo, sendo nela latentes a curiosidade e o interesse pela descoberta.

Um espetáculo para crianças será tão mais didático quanto mais prazeroso for ao instigar para a descoberta, ao fazer

---

[39] BRECHT, B. *Teatro dialético*. Tradução e introdução de Luiz Carlos Maciel. Rio de Janeiro: Civilização Brasileira, Seleção, 1967. p. 99.

do exercício cênico espaço de pesquisa e de experimentação compartilhada, e não depositário de respostas claramente prontas e fechadas, muitas vezes, sob a máscara de uma diversão de rotina; bem distante daquele prazer do conhecimento de que nos falava Bertolt Brecht.

Dessa forma, o "didatismo" (ou o mau didático) estaria associado a uma tentativa de simplificar a função educativa do teatro, atrelando-o a idéias fixas que não estão sujeitas à participação ativa de sua platéia. Os objetivos didáticos podem ser associados ao teatro sem que este se instrumentalize ou fique ao dispor desses objetivos, e o teatro pode ser parceiro da educação em uma fruição educativa. Se os elementos principais do teatro didático para crianças forem respeitados – a criança com seu prazer de descobrir, o teatro como arte e o conhecimento como jogo prazeroso –, estaremos garantindo um espetáculo de qualidade, capaz de encantar, divertir e informar sua platéia, seja ela de crianças ou de adultos."

BIBLIOGRAFIA

BENEDETTI, L. *Aspectos do teatro infantil*. Rio de Janeiro: SNT, 1969.
BENJAMIN, W. *Reflexões sobre a criança, o brinquedo e a educação*. São Paulo: Duas Cidades, 2002.
BERGSON, H. *O riso*. São Paulo: Martins Fontes, 2001.

BETTELHEIM, B. *A psicanálise dos contos de fadas.* Rio de Janeiro: Paz e Terra, 1980.

BORNHEIN, G. *Brecht, a estética do teatro.* Rio de Janeiro: Graal, 1992.

BRECHT, B. *Estudos sobre teatro.* Rio de Janeiro: Nova Fronteira, 1978.

_____. *Teatro completo em 12 volumes.* Rio de Janeiro: Paz e Terra, 1991/1992.

_____. *Teatro dialético.* Tradução e introdução de Luiz Carlos Maciel. Rio de Janeiro: Civilização Brasileira, Seleção, 1967. p. 99.

BROOK, P. *A porta aberta:* reflexões sobre a interpretação e o teatro. Tradução de Antônio Mercado. Rio de Janeiro: Civilização Brasileira, 2000.

_____. *Fios do tempo:* memórias. Rio de Janeiro: Bertrand Brasil, 2000.

CARVALHO, F. A. D. *O teatro épico e a criança.* Dissertação (Mestrado em Educação). Universidade Federal Fluminense, Niterói, 1995.

_____. *A pedagogia do espectador.* Tese (Doutorado em Educação). Faculdade de Educação da Universidade de São Paulo, São Paulo, 2001.

CASTRO, I. S. A. *Dramaturgia no Teatro para crianças de São Paulo.* Dissertação (Mestrado). Escola de Comunicação e Artes, Universidade de São Paulo, São Paulo, 1987.

COELHO, N. N. *A literatura infantil:* história, teoria, análise: das origens orientais ao Brasil de hoje. São Paulo: Quíron/Global, 1982.

COURTNEY, R. *Jogo, teatro e pensamento.* São Paulo: Perspectiva, 2001.

ESSLIN, M. *Brecht, dos males, o menor.* Tradução de Bárbara Heliodora. Rio de Janeiro: Zahar, 1979.

GENTILE, P. É assim que se aprende *Revista Nova Escola.* São Paulo, n. 17, jan./fev. de 2005.KOUDELA, I. D. *Brecht:* um jogo de aprendizagem. São Paulo: Perspectiva, 1991.

_____. *Modelo de ação no jogo teatral:* a peça didática de Bertolt Brecht. São Paulo: Edusp, 1995.

_____. *Jogos teatrais.* São Paulo: Perspectiva, 1998.

_____. *Texto e jogo: uma didática brechtiana.* São Paulo: Perspectiva, 1999.

LEENHARDT, P. *A criança e a expressão dramática.* Casterman: Estampa, 1974.

MACHADO, M. C. O que deve se oferecer à criança? In: *Cadernos de Teatro*, n. 164-5. Rio de Janeiro: O Tablado, 2001.

McCASLIN, N. *Creative drama in the classroom.* Nova York: Longman, 1990.

NETO, D. C. *Pecinha é a vovozinha!* São Paulo: DBA Artes Gráficas, 2003.

NUNES, L. A. Do livro para o palco: formas de interação entre o épico literário e o teatral. In: *Percevejo, revista de teatro, crítica e estética*, ano 8, n. 9. Rio de Janeiro: Departamento de Teoria do Teatro, Programa de Pós-Graduação em Teatro/ UNIRIO, 2000, p. 40.

PAVIS, P. *Dicionário de teatro.* Tradução sob a direção de J. Guinsburg e Maria Lúcia Pereira. São Paulo: Perspectiva, 1999.

PUPO, M. L. S. B. *No reino da desigualdade:* teatro infantil em São Paulo nos anos setenta. São Paulo: Perspectiva, 1991.

ROSENFELD, A. *O teatro épico.* São Paulo: Perspectiva, 2000.

RYNGAERT, J. P. *Introdução à análise do teatro.* São Paulo: Martins Fontes, 1995.

TEIXEIRA, F. N. *Prazer e crítica:* o conceito de diversão no teatro de Bertolt Brecht. São Paulo: Annablume, 2003.

TEATRO E EDUCAÇÃO NA ESCOLA PÚBLICA: UMA SITUAÇÃO DE JOGO

Carmela Soares

NO CAMPO DAS POSSIBILIDADES: UMA POÉTICA DO EFÊMERO

Trabalhar no "campo das possibilidades" é o grande desafio do professor de teatro na escola pública. É a partir dessa perspectiva que procuro desenvolver minha prática de ensino: na tentativa de encontrar a harmonia, o prazer estético e a ordem dentro de um suposto caos, o da sala de aula, com a certeza de estar desenhando algo que tem a potência de vir a ser e realizar-se; na perspectiva do esboço, naquilo que se delineia e não é. Sugestões inscritas em um tempo ínfimo, em um segundo. Ter a capacidade de mesmo assim encontrar o prazer de jogar, encontrar o campo do significado. Exercício de humildade constante. "Dar aula de teatro em escola é tirar leite de pedra", "é uma guerra constante", "é exercitar a frustração", "Deus me livre, é muito difícil", "Eu amo e odeio" são frases que constantemente ouvimos da boca de professores e outras pessoas da área teatral. É necessário trabalhar com a idéia de que o campo das possibilidades é de uma riqueza enorme; a possibilidade criativa está ali na sua potência preste a se manifestar. O esboço de um personagem traçado dentro de sala de aula na sua existência ínfima é uma experiência significativa.

Estamos todos no jogo: escola, professor, aluno, a classe toda. Um jogo que esconde outros significados, que envolve uma rede de signos e desejos. Cada atitude, cada palavra, a sala, a sujeira do local, a cadeira atirada no chão, a provocação, o cheiro de pastel frito vindo da cantina, o material inutilizado jogado em um canto, o armário que não abre, a falta de água na escola, a falta de vassoura e pá, a rachadura na parede, a polícia no pátio, o garoto que fica na porta da cantina controlando a hora da merenda e faz tráfico de influências permitindo aos seus amigos furar a fila. Cada signo tem o seu valor, é portador de um discurso. O aluno que provoca os colegas o tempo todo e só sabe se relacionar dessa forma, que apanha do pai constantemente em casa, um pai desempregado. Corpos inertes na cadeira, tão jovens e tão sem esperança. A alegria das descobertas explode no prazer de jogar, na curiosidade e no desejo de fazer. Tantas subjetividades em jogo, tantos desejos ocultos, tantos medos, fantasmas e modelos incorporados. Nós, professores, somos a imagem do adulto que cerceia, tolhe e castiga. Tornamo-nos depositários das marcas da impossibilidade, da impossibilidade do diálogo. Quem eu sou? Ajudar o aluno a encontrar essa resposta é um dos principais papéis da educação. Ajudar cada pessoa a encontrar sua própria individualidade, seu próprio eu e assumir, em contrapartida, o compromisso e a responsabilidade com o outro. Nessa cadeia de significantes, é necessário encontrar a melhor maneira de conduzir o nosso trabalho. Não há como destruir tudo e começar de novo. Não devemos sair por aí em uma fúria assassina e matar o mundo inteiro, apesar de presenciarmos esse desejo nos corpos tensos, na mão que arma o gesto da metralhadora e mata simbolicamente o amigo, a professora, a escola, tudo aquilo que o oprime. Não há como passar a borracha e apagar um projeto mal acabado, estamos no jogo e está valendo.

Sob tal perspectiva, ensinar teatro na escola pública é uma atitude paradoxal de amor e ódio, de prazer e desprazer, de vida e morte, de luz e sombra, de possibilidades e impossibilidades. Vivemos neste mundo complexo de relações, muitas vezes com o sentimento de impotência diante de tanto. O que fazer? Auto-questionamento, reflexão, vontade, ação, ritmo, humildade, reconhecimento, auto-estima, fé, esperança e amor à vida são a solução.[40]

> *Não há diálogo, porém, se não há um profundo amor*
> *ao mundo e aos homens. Não é possível a pronúncia*
> *do mundo, que é ato de criação e recriação, se não há*
> *amor que a infunda.[...] Não há também diálogo, se*

---
[40] Paulo Freire, em *Pedagogia do oprimido*, atribui à dialogicidade a essência de uma educação libertadora e cita como qualidades necessárias ao estabelecimento de uma relação dialógica: o pensar crítico, a humildade, auto-estima, fé e amor.

> *não há uma intensa fé nos homens. Fé no seu poder de fazer e de refazer. De criar e recriar. Fé na sua vocação de ser mais, que não é privilégio de alguns eleitos, mas direito dos homens.* (Freire, 1970: 79-80)

É possível ensinar teatro dentro da escola pública? Se nos basearmos em um modelo ideal, com condições ideais de recursos, espaço e tempo para objetivar esta ação, vamos afirmar de antemão que não. Não é possível. No entanto, se trabalharmos dentro do campo das possibilidades, podemos dizer que sim. A escola, dentre outros espaços, pode e deve ser um local onde a educação se encontra atrelada à criação e à vida. Fazer teatro na educação, dentro do campo das possibilidades, não é defender a estética da pobreza ou do mal acabado. Podemos e devemos buscar sempre o melhor, condições melhores, relações melhores, melhores professores, melhores escolas. Somos um povo subserviente, passando por anos e anos de condicionamentos; faz parte da nossa cultura. A maioria da população não tem acesso a cinemas, teatros e shows. Não apenas por razões econômicas, mas por falta de estímulo e compreensão dos valores culturais. Propiciar enriquecimento cultural às pessoas é uma das funções do professor de teatro. Sair, participar de eventos, freqüentar teatro, ver um bom filme, falar sobre Shakeaspeare, Ariano Suassuna, literatura de cordel, *A mulher que virou cachorro* – "É verdade ou mentira professora? Lá no Nordeste, onde eu morava, tem a história de uma mulher morta que se levantou de dentro do caixão e o povo todo saiu correndo." Os limites entre fantasia e realidade se misturam nessa colcha de retalhos trançada na sala de aula.⁴¹ Assim vamos mapeando elementos da vida cultural e introduzindo outros pontos de vista. Entramos no universo do jogo, do poético, tecendo novas imagens, analisando e construindo a realidade.

Dessa forma, integramos noções da cultura popular e erudita, revalorizando expressões simbólicas universais de caráter mais permanente que favoreçam a educação do indivíduo e a formação de sua subjetividade e sensibilidade.

Carvalho (2000) fala sobre a crise das culturas "autênticas" (a clássica e a folclórica) e identifica a presença de uma nova realidade cultural na qual a cultura popular urbana e a cultura de massa se manifestam de forma mais viva e dominante. Por outro lado, reafirma a necessidade de valorização das culturas tradicional e erudita.⁴²

---

⁴¹ Fui ver com os alunos a montagem de *A história do amor de Romeu e Julieta*. Texto de Ariano Suassuna e direção de Elza de Andrade. Foi possível, por meio dessa atividade, criar uma linha no tempo, iluminando momentos da história do teatro e resgatando, ao mesmo tempo, elementos da cultura popular, como a literatura de cordel.

⁴² O interessante desse casamento é que, com ele, todos saíram ganhando: a tradição popular cresceu de valor, na medida em que foi vista como legítima repositária de símbolos altamente poderosos; e a tradição erudita, ao conservar suas raízes populares, pôde expressar (pelo menos idealmente) os anseios de todos os seres humanos, justificando, assim, sua pretensão de universalidade. [...] Enfim, nesse modelo clássico de redonda esfera da cultura (que é uma extensão das idéias de Herder sobre o avanço da "humanidade" via o pertencionismo a uma comunidade concreta), a cultura popular mantém vivo o espírito coletivo; enquanto que a cultura erudita, partindo do popular, particular, transcende-o, permitindo, assim, o desenvolvimento pleno do espírito individual (Carvalho, 2000: 27-8).

Influenciados por uma cultura de massa que veicula valores transitórios, sem teor simbólico, conteúdo humano e formativo, jovens e adultos, principalmente da classe menos favorecida da sociedade, submetem-se a uma rotina alienante atrás de um balcão de padaria, como porteiro de prédio, entregador de pizza, empregada doméstica, e desperdiçam assim seu potencial criativo e transformador. A ambição resignada desses jovens adultos, manifestada no curso noturno de uma escola pública, é pequena diante da vitalidade e força de vontade com que enfrentam o dia-a-dia. Alcançar a 8ª série, para esses alunos, é uma grande vitória, já que seus pais, em sua maioria, cursaram no máximo até a 4ª série do Ensino Fundamental.

> *O homem dialógico que é crítico, sabe que, se o poder de fazer, de criar, de transformar, é um poder dos homens, sabe também que podem eles, em situação concreta, alienados, ter este poder prejudicado. Essa possibilidade, porém, em lugar de matar no homem dialógico a sua fé nos homens, aparece a ele, pelo contrário, como um desafio ao qual tem de responder. Está convencido de que este poder de fazer e transformar, mesmo que negado em situações concretas, tende a renascer. Pode renascer. Pode constituir-se. Não gratuitamente, mas na e pela luta por sua libertação. Com a instalação do trabalho não mais escravo, mas livre, que dá alegria de viver.* (Freire, 1970: 81)

Durante um trabalho com crianças do morro de Santa Marta no Rio, lembro-me de uma menina de sete anos que não queria desenhar de forma alguma, resistiu a todas as tentativas. Por acaso, lemos um livro contando a história de um sapo. Ela se identificou com o sapo, feio, sujo e largado. Conversamos a respeito. Depois disso, ela pegou o lápis e desenhou, desafiando seu pequeno traço.

A negação em entrar no jogo é uma constante quando convidamos os alunos a participar. A falta de auto-estima e confiança em si mesmos é cicatriz profunda, adquirida a partir de um processo longo de dependência cultural, de falta de identidade, de liberdade de expressão e de amor a que muitos estão sujeitos.

Aprender a correr riscos, característica do jogo, é imprescindível para o desenvolvimento e o crescimento da individualidade. Ocupar seu espaço, encontrar sua real dimensão, expressar-se a partir de sua originalidade e particularidade são conquistas graduais e contínuas que necessitam do mesmo esforço e nutrientes que levam a pequena semente a romper o solo e a eclodir na terra, tornando-se forte e caminhando em direção à luz. O ensino do teatro tem grande contribuição nesse sentido: transformar a potência em ato; potencializar o sujeito no seu percurso rumo à vida.

No Campo das Relações: O Jogo Dramático como Meio de Conhecimento

O verdadeiro aprendizado situa-se no campo das relações. Tomando emprestadas as palavras de Freire (1970), "ninguém educa ninguém, ninguém educa a si mesmo, os homens se educam entre si, mediatizados pelo mundo", podemos verificar que a verdadeira situação de aprendizagem está no enfrentamento de mundos e valores diferentes, na negociação de idéias, no jogo de dar e receber, no redimensionar constante de si mesmo e do mundo. Implica também em uma atitude de auto-questionamento, auto-educação. Aprendemos o tempo todo com o outro, com outras culturas, com outras formas de comunicação, com outras linguagens. Essa pluralidade faz do conhecimento e do aprendizado o campo das relações, do diálogo e do jogo. Sua eficácia é exatamente inversa à do saber autoritário, verticalizado, centrado na figura única do professor, sujeito detentor da verdade.

"Educador-educando", o professor de teatro e educação, objetivando o desenvolvimento de um olhar estético do aluno, deve assumir uma atitude crítica, "dialógica", dentro da escola pública. O "encontro" de sujeitos na escola a partir da linguagem do teatro deve se dar com e em direção ao mundo, ao fazer, agir e transformar.

A proposta de "educação libertadora" feita por Freire (1970) está no cerne da natureza do "jogo dramático", instrumento básico para o ensino de teatro dentro da escola pública. O jogo dramático, de acordo com Ryngaert (1981), vai além de uma brincadeira criativa, não introduz apenas o aprendizado de uma realidade cênica, como em Spolin (1982), mas interroga e analisa o mundo supondo uma ação crítica e transformadora do mesmo.

Dessa forma, podemos abordar "o jogo dramático como meio de conhecimento", aproximando-o dos pressupostos do teatro brechtiano. Para Brecht (1967), o teatro tem a função didática e de divertimento; prazer associado à educação. Educação associada à vida, à criação. Segundo Huizinga (1938), escola em grego significava ócio, tempo para lazer e divertimento. A relação entre professor e aluno dava-se ao ar livre, em caminhadas junto à natureza. O aprendizado fazia-se junto à vida, com a vida e para a vida. Pouco a pouco, no decorrer da história, o tempo livre, do cidadão livre, foi sendo organizado em períodos entre o trabalho e o lazer. A escola, como instituição, surge como o espaço para o trabalho sério, ficando desde então separada da vida, do prazer, do divertimento e da criação.

O jogo dramático, como propõe Ryngaert (1981) ao trabalhar com a feitura artesanal das imagens, coloca o aluno dentro de um espaço tridimensional que lhe possibilita, a partir daí, desenvolver um novo olhar sobre o jogo proposto e sobre a realidade. O jogo de construir e reinventar novas imagens com o próprio corpo a partir de uma fotografia de jornal ou de um anúncio publicitário cria a possibilidade de "desmontar o *gestus* social", revelando o que está por trás, escondido, e expandir o campo de significados veiculados pela imagem original. Esse exercício crítico do olhar desenvolve uma melhor apreensão da realidade que nos cerca.

Essa atitude de decomposição e reconstrução da imagem gera o "distanciamento", o "afastamento" do olhar do sujeito em relação ao objeto, expondo-o nas suas infinitas superfícies, faces e possibilidades. Somos instados a partir do jogo dramático a uma análise crítica do cotidiano na busca de um novo humanismo.

A prática do jogo dramático também encontra superfície de contato com as propostas de Boal (1977), que reafirmam a prática de uma *educação libertadora* por meio da análise das relações de dominação. Tomar consciência dessa opressão, desse corpo que não fala, não expressa, não reconhece em si a força da mudança, é o ponto cardeal que norteia o jogo dramático e a concepção de jogo proposta no *Teatro do Oprimido*. Não é à toa a semelhança semântica entre *Teatro do Oprimido* e *Pedagogia do Oprimido*. Cada um deles reafirma à sua maneira o poder revolucionário de uma práxis, de uma ação concreta no mundo associada a uma reflexão crítica.

Boal define o *Teatro do Oprimido* como o ensaio de uma ação revolucionária. Os jogos teatrais por ele desenvolvidos buscam transformar o espectador, sujeito passivo, em sujeito ativo da história. Propõe a passagem do sujeito de observador do espetáculo a ator, jogador e autor.

O jogo dramático como meio de conhecimento introduz na prática do teatro e da educação dentro da escola questões relativas ao teatro contemporâneo na sua forma filosófica e estética. A relação com o espaço, o personagem, o espectador, o conteúdo do discurso e a escritura teatral serão retrabalhados a partir de uma nova perspectiva. A relação ator-espectador deixa de ser frontal, o espaço é trabalhado no seu estilhaço, o jogador fica o tempo todo em atitude de confronto, o *"gestus social"* é exposto revelando uma pluralidade de significados. O jogo dramático procura à sua maneira se aproximar do pensamento contemporâneo do teatro ao questionar a criação da ilusão, característica marcante do teatro naturalista. Propõe a formação de um homem consciente, crítico e participativo ao romper com a relação de identificação entre ator e espectador, teatro e realidade. Engajar o teatro e a educação dentro da perspectiva do contemporâneo é evitar tomar o falso pelo real. Ignorar essa perspectiva é correr o risco de cair no estereótipo e transformar o espaço da escola em uma grande alegoria.

Bastante interessante é perceber que tanto na filosofia, como no teatro e na educação contemporâneos, pensadores como Nietzsche, Brecht, Grotowski, Ryngaert, Freire e Boal, dentre outros, cada um no seu campo de pesquisa, buscam aproximar-se do conhecimento nessa dinâmica constante da vida, "traçada no paradoxo, feita de choque, de recusas e afastamentos", inscrita no diálogo, nas negociações de valores, na pluralidade de significados e no sentido de aprofundamento. O conhecimento é construído no devir, no fluxo ininterrupto da vida, na escritura artesanal das ações humanas. Esses campos de saberes distintos se sobrepõem-se, interpenetram-se e desdobram-se, iluminando outras áreas e trazendo sombras e dúvidas a outras tantas, ampliando o campo das relações.

> *Na perspectiva de um saber mais móvel, o pensamento nietzschiano revelará que não há verdade alguma oculta a ser descoberta e, se a verdade é feminina, é mesmo porque não tem um exposto a ser tocado. O que há é vão, brecha, ruptura, possibilidade. Almeja-se, pois, não o singular da verdade, mas o seu plural: seu jogo de forças. O outro gesto – sabedor da indecidibilidade do campo em que atua e do próprio instrumento que se utiliza – refere-se à necessidade de a semiologia valer-se dos diferentes campos que se ocupam da significação, por tratar não de um objeto, enquanto elemento uno, mas de feições. Tal saber – do jogo de superfícies, transdisciplinar e solicitador – tampouco se confunde com a mistura dos saberes. A produção que dele pode advir resulta do reconhecimento de que toda prática significante apresenta faces.* (Santos, 1989: 7)

O homem, no decorrer da história da humanidade, sofre três descentramentos indispensáveis ao desenvolvimento de sua capacidade de jogo. Primeiro deixa de ser o centro do universo, depois, a partir das teorias de Darwin, deixa de ser o centro da evolução. No século XX, com a noção de inconsciente desenvolvida pela psicanálise, o homem mergulha no desconhecido, no mundo interior, deixando de ser centro de si mesmo.

Jung reconhece a existência de uma força *a priori*, o *Self*, a definir os acontecimentos, as relações e a influenciar as ações humanas. Nesse movimento em espiral, o homem progressivamente é empurrado para dentro e para fora de si mesmo. Nesse trânsito entre o dentro e o fora, entre o sujeito e o objeto, estabelece-se o campo do conhecimento. Um conhecimento que pressupõe a presença do outro. Segundo Jung, no processo de individualização, o homem mergulha no desconhecido, no inconsciente, e isso exige, em contrapartida, uma atitude de responsabilidade em relação ao mundo. Esse movimento de descentramento e a tomada de consciência dessa força *a priori* permitem ao homem o alargamento de sua consciência estética e o tornam revolucionário de si mesmo.

Em *O arco-íris do desejo*, Boal propõe um teatro voltado para a auto-descoberta. Psicodrama? *O Método Boal de teatro e terapia* não nega o caráter político do *Teatro do Oprimido*. Sua tônica continua sendo a do "indivíduo-sujeito" capaz de traçar sua própria história. Para empreender uma ação revolucionária e eficaz sobre o mundo, é necessário conquistar primeiro seu próprio continente. O confronto consigo mesmo, com sua sombra, é um dos exercícios mais difíceis de serem realizados. O desenvolvimento de auto-estima, de confiança em si mesmo, é trajetória necessária a qualquer cidadão. Precisamos ocupar primeiro nossa casa de origem, conhecer nosso espaço, desfazer condicionamentos internos e hábitos limitadores, para podermos falar do nosso próprio espaço, a partir de nós mesmos, sem medo e com liberdade de expressão.

O homem moderno ficou alienado da natureza, sua consciência esqueceu sua origem no inconsciente, e essa unilateralidade se tornou fonte de violações do

> *instinto que conduz à aberração, ao sofrimento e, uma vez mais à prisão – sem contar o fato de que sua dependência original das forças indômitas da natureza foi substituída por uma dependência crescente dos políticos, da economia, e da tecnologia etc., resultando daí que o homem moderno, com toda a sua liberdade, é incapaz de resistir à influência sugestiva das tendências de massificação, e todos sucumbem facilmente a elas. [...] Por isso, a consideração e experimentação do substrato psíquico tornou-se uma necessidade imperiosa. A personalidade consciente, que obedece ao seu destino individual, é o único baluarte contra os movimentos de massificação da sociedade moderna. Aí se encontra o significado social da individuação.* (Jaffé, 1983: 93-4)

Esse ser autêntico é um dos propósitos do teatro na educação. O jogo dramático com seu mecanismo de improvisação favorece esse exercício. O prazer trazido pelo jogo, o enfrentamento de situações novas, o confronto consigo mesmo e com o grupo desenvolvem conhecimentos profundos no jogador, como a descoberta da alegria e de sua capacidade/poder de expressão e criação. O jogo dramático, a partir da improvisação, desenvolve conhecimentos adquiridos no nível da experiência e, dessa forma, potencializa a transformação de valores.

O ser autêntico é o núcleo do indivíduo, de um indivíduo verdadeiro, livre e consciente de todas as responsabilidades que a conquista desse espaço lhe confere. Podemos encontrar esse ideal do ser autêntico expresso nos escritos de Stanislavski, Artaud e Grotowski, dentre outros pensadores do teatro. Uma comunicação teatral só será efetiva como meio de conhecimento se os sujeitos envolvidos falarem a partir desse espaço de entrega e de encontro, sem máscaras e subterfúgios.

> *A arte é um amadurecimento, uma evolução, uma ascensão que nos torna capazes de emergir da escuridão para uma luz fantástica. Lutamos, então, para descobrir, experimentar a verdade sobre nós mesmos; rasgar as máscaras atrás das quais nos escondemos diariamente. Vemos o teatro – especialmente no seu aspecto palpável, carnal – como lugar de provocação, uma transformação do ator e também, indiretamente, de outras pessoas.* (Grotowski, 1987: 27)

O teatro e a educação têm como uma de suas funções ampliar o diálogo e o campo de comunicação dos indivíduos com o mundo, desenvolvendo o sentido do coletivo e possibilitando os seres a se tornarem cada vez mais autênticos. Esse é o "campo das possibilidades" do jogo dramático na sala de aula. Torná-lo efetivo é o nosso grande desafio.

BIBLIOGRAFIA

BOAL, A. *Teatro do oprimido e outras poéticas*. Rio de Janeiro: Civilização Brasileira, 1977.

_____. *O arco-íris do desejo:* método Boal de teatro e terapia. Rio de Janeiro: Civilização Brasileira, 1995.

BRECHT, B. *Teatro dialético*. Rio de Janeiro: Civilização Brasileira, 1967.

CARVALHO, J. J. O lugar da cultura tradicional na sociedade moderna. In: *O percevejo*. Rio de Janeiro, 2000.

FREIRE, P. *Pedagogia do oprimido*. São Paulo: Paz e Terra, 1970.

GROTOWSKI, J. *Em busca de um teatro pobre*. Rio de Janeiro: Civilização Brasileira, 1987.

HUIZINGA, J. *Homo ludens*. Rio de Janeiro: Perspectiva, 1996.

JAFFÉ, A. *O mito do significado na obra de C.G.Jung*. São Paulo: Cultrix, 1995.

RYNGAERT, J. P. *O jogo dramático no meio escolar*. Coimbra: Centelho, 1981.

SANTOS, R. C. *Para uma teoria da interpretação*: semiologia, literatura e interdisciplinaridade. Rio de Janeiro: Forense Universitária, 1989.

SPOLIN, V. *Improvisação para o teatro*. São Paulo: Perspectiva, 1979.

A Alfabetização Cênica

Um Percurso Metodológico no Ensino do Teatro

André Luiz Porfiro

> *Imaginemos marinheiros que, em alto-mar, estejam modificando sua embarcação rudimentar, de uma forma circular para outra mais afunilada.... Para transformar o casco de seu barco utilizam madeira encontrada à deriva da velha estrutura. Mas não podem colocar a embarcação no seco para reconstruí-la desde o princípio. Durante seu trabalho permanecem no velho barco e lutam contra violentas tormentas e ondas tempestuosas... Este é o nosso destino como cientistas.*
>
> Otto Neurath

A epígrafe acima narra simbolicamente a aventura da prática do teatro nas salas de aula do Ensino Fundamental na rede oficial da cidade do Rio de Janeiro. Um ambiente ainda agarrado a alguns conceitos estabelecidos no passado, mas que vem sendo modificado com "as madeiras encontradas à deriva". Nos encontros e nos cursos de capacitação realizados pelo setor de desenvolvimento curricular, ocorrem debates e a busca de metodologias que possam fazer uma ponte entre os saberes enraizados em teatro e formas que, paralelamente, se desenvolveram nas margens do saber hegemônico. No percurso desta passagem, "violentas tormentas e ondas tempestuosas" a cada instante se impõe à nossa frente, porém, "esse é o nosso destino" como professores-pesquisadores.

Vivemos em uma época caleidoscópica, na qual, ao apertar o controle remoto da TV jorram imagens e informações dos lugares mais longínquos deste planeta. Notícias de planetas recém-descobertos e guerras cujas causas são de difícil compreensão surgem a cada instante nas nossas retinas e mentes. A sensação de viver em uma aldeia global, livre, tecnológica, diversa e com o consumo aparentemente franqueado para todos ascende como uma cortina de fumaça ocultando e embaçando o olhar para questões históricas, culturais e pessoais de membros de grupos sociais não hegemônicos.

Estabelecidas como verdade, essas imagens e informações fazem cambalear certezas e modos de viver nos quais estamos inseridos. Daí a necessidade de um ordenamento e desenvolvimento de sentido, para, em uma dinâmica de desconstrução e construção/reconstrução de valores, transformar a informação em conhecimento.

A proposta deste artigo é estabelecer uma relação entre o ensino de teatro na educação fundamental, o teatro contemporâneo e suas conseqüências na formação do homem. O elo para essa relação está calcado na proposta de educação para o século XXI da UNESCO, o Relatório Delors, no pensamento de Edgar Morin sobre a educação do futuro e na metodologia do jogo e da experimentação desenvolvida por Jean-Pierre Ryngaert. Dessa associação de pensamentos, propostas e metodologias, que ainda têm pouca inserção no ensino de teatro no Brasil, antropofagicamente, ouso propor um caminho baseado na desconstrução e construção/reconstrução de informações para a aquisição de um conhecimento em teatro. Esse percurso metodológico, realizado na sala de aula, é denominado *alfabetização cênica*. Proposta desenvolvida "em alto mar, pois a embarcação não pode ser colocada no seco para ser reconstruída".

O ALFABETO CÊNICO

Os alunos da rede municipal, em sua grande maioria, não têm o teatro como uma atividade próxima. A referência vem principalmente da TV e do cinema *hollywoodiano*. Práticas realizadas em instituições religiosas ou comunitárias também fazem parte do patrimônio teatral que trazem consigo.

Na constituição de um alfabeto cênico, as idéias do patrimônio teatral passam por um processo de desconstrução. No jogo dramático, a especificidade da linguagem teatral se mostra. As diferenças entre a linguagem teatral e a linguagem televisiva são descobertas por meio de exercícios práticos. Os cacos de um patrimônio de idéias antigas são deixados de lado. Passa-se a construir um alfabeto cênico, com o teatro sendo reconstruído quando experimentado em sala de aula.

Um alfabeto cênico composto por corpo do jogador, espaço de jogo, objetos utilizados na cena, histórias da comunidade, relações entre as idéias desenvolvidas nos jogos dramáticos e improvisações realizadas no desenrolar dos encontros. A cada encontro são descobertos e acrescentados novos elementos ao vocabulário teatral em construção.

A Alfabetização Cênica

A alfabetização cênica propõe a leitura do teatro como um modelo referencial convencional, que pode ser modificado a partir da ação exercida sobre ele. A construção do modelo convencional é determinada pelos jogadores, que podem a qualquer momento modificá-lo, intercambiando ações e optando pela forma que melhor satisfaça ao grupo para a resolução do conflito estabelecido.

Como experiência multifacetada, expressa a complexidade do mundo contemporâneo. Tem por objetivo ampliar a visão tanto da arte teatral quanto do mundo que os cerca, buscando desenvolver formas de organizar os pensamentos e ações geradas na experiência de trabalhos criativos grupais. Amplia o horizonte das relações humanas em uma experiência artística e une o conhecimento cultural com a construção sígnico-imagética do adolescente.

Pontos essenciais dos movimentos contemporâneos de teatro convergem e desdobram-se em exercícios práticos e práticas de montagem pelos alunos das turmas do Ensino Fundamental. Redimensiona a relação do aluno com o espaço escolar, como um todo, e na sala de aula, em particular. A cada experiência com os jogos dramáticos, a disposição dos elementos da sala de aula pode ser modificada. O espaço ganha vitalidade expressando fisicamente as mudanças que estão acontecendo no processo. Aumenta a auto-estima dos alunos, pois são os construtores de uma experiência em teatro.

Ao criar ferramentas de entendimento para a leitura do mundo próximo, na prática do fazer e no inventar signos, na sala de aula, a alfabetização cênica conduz a uma aventura na qual quem define o limite é quem joga, e quem joga pode, permanentemente, ampliar esses limites, desconstruindo e construindo/reconstruindo o jogo.

Uma Experiência em Alfabetização Cênica

Vai ser divertido, mas sem sentido.
(Jéssica – no início da experiência)

Durante os meses de agosto a setembro do ano de 2002 na Escola Municipal Gandhi, localizada no bairro de Manguariba, Santa Cruz, zona oeste da cidade do Rio de Janeiro, desenvolvi a pesquisa "Inter-relações entre teatro e educação: jogos dramáticos na formação do homem". Foi uma pesquisa de abordagem qualitativa, com objetivo exploratório. A escolha do local deu-se em função da minha atuação, na época, como docente e por considerar que teria a liberdade necessária para desenvolver a proposta do trabalho.

Contando inicialmente com um grupo de vinte alunos, entre 13 e 16 anos, matriculados na 6ª série do Ensino Fundamental, foi possível a realização de práticas teatrais a partir de jogos dramáticos. Enfatizando uma metodologia diferenciada, não utilizada na escola, esse percurso foi capaz de favorecer o ensino do teatro em uma abordagem que privilegiou a criatividade, a inventividade, a sensibilidade e o simbolismo presente na vida do grupo. Esse percurso metodológico foi denominado alfabetização cênica.

Fase I – O Contato com o Alfabeto

Os alunos chegaram à oficina de teatro a partir de um convite feito em sala de aula na semana anterior. Ministrei aula de artes cênicas para esse grupo de alunos no primeiro semestre de 2002, ano de realização da pesquisa. Desse modo, os alunos já tinham experienciado as etapas de integração e de iniciação ao jogo dramático, em um contexto diferente da pesquisa. Tal vivência facilitou o contato inicial para o trabalho, além de favorecer a comunicação em função de terem trabalhado alguns conceitos da linguagem teatral.

A Alfabetização Cênica

Procurei desenvolver junto aos alunos as seguintes etapas de trabalho:

A cultura do grupo através das suas histórias

Iniciando o encontro com a apresentação individual dos alunos, foi lançado um questionamento sobre o que significa o nome do bairro. O grupo, nas suas interferências, destacou que o bairro é longe do centro urbano e que o nome deve significar algo que tenha a ver com essa distância. Contaram algumas histórias das quais ouviram falar e que presenciaram. São alguns exemplos:

- O homem do sino que foi assassinado por andar no bairro tocando sino à meia-noite. Seu espírito aparece e o som do sino é escutado à meia-noite pelo bairro.
- A noiva abandonada que, depois de morrer, surge pelo bairro vestida de branco.
- A areia movediça da fazenda.
- A terra que cospe fogo na fazenda.

Dando continuidade ao trabalho realizado anteriormente, na semana seguinte pedi aos alunos que trouxessem novas histórias, agora pesquisadas junto aos seus familiares.

O passado rememorado pelo grupo de alunos fez com que se abrissem as portas da memória e do imaginário. Longe de ser apenas um passado de percepção, foi criado, pelas imagens surgidas, um turbilhão de lembranças, de afetividade existencial e de sensibilidade que, articuladas ao mundo em que vivem, puderam construir e reconstruir um novo e amplo campo de associações.

Com o relato dessas histórias da comunidade feito pelos alunos e seus familiares foi possível adentrar a cultura do grupo, entendida como uma "teia de significados construída pelo homem" (Cliffords, 1989). Os relatos fizeram emergir imagens que deram subsídios para a construção das cenas.

O corpo e a criação de imagens

Nas aulas de teatro, a corporeidade tem um papel fundamental. A atividade corporal é constante, tanto para quem experimenta (os alunos), quanto para quem orienta. O meu corpo, por vezes, servia como explicador da idéia dos exercícios.

Nessa etapa, por meio de exercícios corporais, propus a criação de imagens fixas das histórias contadas pela comunidade. No desdobramento dos exercícios, as imagens ganharam movimento. O próximo passo foi a colagem das imagens individuais, tornando-as coletivas, seguindo depois para as improvisações livres.

O relacionamento com os objetos

Somando-se aos elementos anteriormente trabalhados (o espaço, a memória, a corporeidade e a criação de imagens), busquei introduzir um novo elo na cadeia de formação da experiência das práticas teatrais desenvolvidas na pesquisa: o relacionamento com os objetos.

Os alunos podiam manipular os objetos característicos de uma sala de aula (mesas, cadeiras e carteiras) e utilizá-los das formas mais inusitadas possíveis, criando novos conceitos e associações, estabelecendo de maneira transparente a temporalidade das coisas e sua mutabilidade por meio das intenções.

Os materiais trazidos pelos alunos também tiveram grande importância na proposta de trabalho, pois clarificaram suas idéias sobre objetos de cena em teatro.

Dentro do percurso metodológico da alfabetização cênica, nenhum exercício é realizado com fim em si mesmo. Todos estão interligados, servindo para a apreensão das imagens, o aprendizado e a assimilação da linguagem teatral.

Fase 2 – A Construção da Dramaturgia e o Processo de Formação do Produto Criativo

Tradicionalmente conhecida como a arte da composição de peças de teatro, a dramaturgia é entendida, contemporaneamente, como as opções exercidas pelos participantes do projeto teatral. Segundo Pavis (1999: 113):

> *Dramaturgia designa [...] o conjunto das escolhas estéticas e ideológicas que a equipe de realização, desde o encenador até o ator, foi levada a fazer. Este trabalho abrange a elaboração e a representação da*

> *fábula, a escolha do espaço cênico, a montagem, a interpretação do ator, a representação ilusionista ou distanciada do espetáculo. Em resumo, a dramaturgia se pergunta como são dispostos os materiais da fábula no espaço textual e cênico e de acordo com qual temporalidade. A dramaturgia, no seu sentido mais recente, tende, portanto, a ultrapassar o âmbito de um estudo do texto dramático para englobar texto e realização cênica.*

Estabelecendo uma relação entre as propostas e as orientações dadas, e as escolhas exercidas pelo grupo, fomos, passo a passo, criando um processo democrático de construção da dramaturgia. Abordamos todas as suas etapas constitutivas, por meio das improvisações, desde a construção do roteiro de ações, passando pelo processo de montagem, até a realização cênica: a apresentação do produto criativo.

A fase 1 da pesquisa teve como uma de suas características básicas a criação por meio de imagens corporais. O mote para o jogo dramático sempre passou por uma construção imagética. Das imagens surgiam as improvisações, impregnadas das histórias trazidas pelos jogadores que representam o imaginário coletivo do grupo. Tais imagens, portanto, foram transpostas para as cenas, organizadas no espaço físico, tomando os gestos do corpo como construtor.

Desse modo, a imagens revelaram traços simbólicos que emergiram dos jogos dramáticos: imagens de lutas, de vida, de morte e de sobrevivência. A complexidade estabelecida nas improvisações e nas atividades da fase 1 proporcionou a construção da dramaturgia, dando os caminhos para o prosseguimento da pesquisa.

No processo de construção da dramaturgia as etapas foram as seguintes:

Um guia para o roteiro de ações: os elementos arquetípicos para a construção dos desenhos e das histórias

A escolha do guia para a preparação de um produto criativo pode ter diferentes características conforme a proposta de trabalho. Desde o início, a pesquisa estava calcada na transposição da cultura do grupo, por meio de imagens corporais, para a cena. A cada atividade surgiam cenas impregnadas de simbolismos e que, no decorrer das repetições, iam se organizando e tomando formas na linguagem cênica.

Foi proposto aos alunos criarem desenhos a partir da utilização de nove arquétipos, como guia. Esses nove elementos arquetípicos (personagem, espada, monstro, refúgio, elemento cíclico, água, fogo, queda e animal) fazem parte do teste AT-9 de autoria de Yves Durand.

Os arquétipos tiveram a função de provocar a vida afetiva e representacional do grupo, a intencionalidade cultural, uma vez que os símbolos são culturais, variando em cada grupo.

Após os desenhos, os alunos, em grupo, criaram histórias a partir da junção dos desenhos individuais.

Esse encontro terminou com um material substancial para a preparação do guia condutor da construção dramatúrgica. As histórias e os desenhos, além das imagens corporais e improvisações realizadas na fase 1 da pesquisa, criaram um arsenal poderoso de imagens simbólicas que permitiram a transposição desses elementos para a linguagem cênica.

A elaboração do roteiro de ações

A metáfora de um baú onde estariam depositadas, à espera de um renascimento ou de uma libertação, todas as experiências vivenciadas pelos alunos foi o ponto inicial para a elaboração de um guia para as improvisações. Pedi que os alunos abrissem o baú de experiências da oficina de teatro e a partir dele escrevessem textos coletivos.

Dessa atividade surgiram dois textos coletivos baseados nas histórias e nos desenhos com os nove arquétipos, misturados com cenas desenvolvidas nas improvisações, histórias do bairro e um vasto campo de influência desde a TV a jogos de videogame.

Das duas histórias criadas, o grupo escolheu por votação uma para que trabalhássemos. Partimos, então, para a criação do roteiro de ações.

Designado também como guia coletivo, o roteiro de ações é um esquema para nutrir as improvisações, podendo ser construído a partir de vários elementos. No caso da pesquisa utilizamos a releitura das histórias criadas no desenrolar das atividades, somando-se as histórias com os nove elementos arquetípicos.

Roteiro de ações

Cena 1 – A Guerra dos Monstros.

Cena 2 – Comunidade invade o espaço vazio e constroi suas moradias (as moradias serão construídas com as mesas e cadeiras da sala de aula). A comunidade conversa feliz, cada um no seu espaço (improvisação já realizada). Monstro (um traficante), depois que a comunidade já construiu suas moradias, chega no local e monta sua banca. Começa a aterrorizar a comunidade junto com seus comparsas Saci e Urubu (cena já improvisada do traficante contando dinheiro e dos comparsas brincando de jogar um saquinho de droga para cima). Morte do vendedor de bala (cena já improvisada). Monstro mata e Urubu recolhe os pertences e retira seu corpo. Morte do tocador de sinos (histórias da comunidade). Urubu repete o que fez com o vendedor de bala. Saci traz o frango (parte da história com os nove arquétipos). Comunidade calada pelo medo. Monstro manda fechar o comércio (notícias da imprensa).

Cena 3 – Luta. Todos contra o Monstro e seus comparsas. Quebra do silêncio. Juntam-se através do fogo. Isqueiros acesos fazem com que a comunidade volte a falar e se junte para combater o traficante. Reação do Monstro. Quebra tudo (improvisação já realizada). Cidade arrasada. O monstro e os moradores saem feridos do combate.

Cena 4 – O super-herói. Um pouco de todos da comunidade forma o herói. Utiliza uma espada flamejante e destrói o Monstro. A cidade ainda está arrasada.

Cena 5 – Reconstrução (repetição da cena 2). Os moradores ocupam o espaço, dessa vez para reconstruir o que foi arrasado pela briga.

A transformação espacial

A opção de utilização do espaço caracteriza o formato de teatro que se quer trabalhar. A funcionalidade e as possibilidades de transformação espacial tiveram primazia nas escolhas, aproximando as experiências da oficina de teatro com as características de um teatro não ilusionista.

Essa etapa serviu para experimentar as possibilidades espaciais da sala, procurando estabelecer um formato provisório para a apresentação do produto criativo. Diferente da fase 1, a disposição espacial da sala e dos objetos ganhou exercícios próprios para a sua experimentação e possíveis transformações para a utilização na cena.

O segundo objetivo dessa etapa foi testar as possibilidades dos materiais proporcionados por uma sala da rede pública de ensino para aula de teatro. Os materiais utilizados (cadeiras e mesas) tiveram suas funções transformadas, viraram objetos de cena e redefiniram os espaços ocupados, formando um esboço de cenário. Todos os materiais puderam ser utilizados exaustivamente e de maneiras não convencionais, criando os espaços sugeridos no roteiro de ação. Os alunos experimentaram o espaço na procura da melhor transposição das idéias para a cena. Alguns alunos ficaram em cima de mesas e cadeiras, utilizando o plano alto para começar a cena. Criaram com os objetos abrigos e barricadas. Uma construção coletiva realizada pelo encontro de propostas diversas, que eram testadas a cada momento, construindo e reconstruindo suas regras, buscando a que melhor traduzisse a experiência.

Foi um encontro caracterizado pela liberdade de experimentação, apontando os caminhos para como trabalhar as cenas, além de tornar claro um projeto coletivo de encenação.

Fase 3 – A Formação do Produto Criativo

Essa fase foi uma transição entre os jogos livres e a construção de um processo de montagem, ambos a partir de jogos dramáticos. Na ausência de um termo que denomine as complexas relações entre processo e produto nas práticas com o jogo dramático na sala de aula, proponho a utilização do termo produto criativo.

Na formação do produto criativo, integraram-se a razão e a imaginação, mostrando a potência do imaginário coletivo, entendido por Durand (1997) como um sistema dinâmico organizador de imagens. Os elementos que instigaram a formação do produto criativo foram as improvisações, as imagens corporais, as histórias do bairro e as histórias e os desenhos surgidos a partir dos nove elementos arquetípicos.

Entrelaçadas, as formas, ainda em sua dimensão bruta, foram organizadas e relacionadas em uma estrutura de roteiro de ações. Objetos de cena, cenários e figurinos foram compostos pelos materiais existentes na sala de aula (mesas e cadeiras) e por materiais trazidos pelos participantes. Tanto os objetos reais quanto as idéias imaginadas foram colocados em prática. Das fissuras e fricções improvisadas, em que o racional deixou o imaginário transparecer, saíram as cenas.

O produto criativo foi uma expressão vigorosa das intersecções entre os estímulos do orientador, os elementos, o espaço, um trajeto entre as imagens, o imaginário e a imaginação dos estudantes. Experiência única, transformadora, criadora de vocábulos cênicos, baseada em uma prática com jogos dramáticos.

Fase 4 – *Os Sobreviventes* em Cena: a Apresentação do Produto Criativo

A apresentação pública ocorreu com o mote da participação do grupo de alunos na I Mostra de Teatro Escolar da Rede Municipal de Ensino. Foram três apresentações que aconteceram no dia 29 de novembro de 2002, sendo a primeira na parte da manhã e as outras duas no horário da tarde. Aconteceram na sala de vídeo da E.M. Gandhi, mesmo local que servia de espaço para a oficina de teatro. Nas duas primeiras apresentações, o público era constituído de alunos das turmas da escola, alguns professores, funcionários, direção, parentes e convidados dos alunos participantes. Na terceira apresentação, o público era composto também pelos integrantes da comissão julgadora da Mostra. Após essa última apresentação ocorreu um debate entre os alunos participantes da apresentação e a comissão julgadora, sobre o processo de trabalho e o produto criativo apresentado.

A apresentação pública de *Os Sobreviventes* revelou-se uma experiência de grande valia tanto para os atuantes como para os espectadores. Os alunos conseguiram manter a alegria e o prazer do jogo, criando um significado para si e para a comunidade. O imaginário coletivo da comunidade emergia sob a forma das cenas criadas pelos alunos moradores da comunidade. A história não era outra senão a própria história da comunidade contada por seus próprios protagonistas.

Os alunos criaram um trabalho que falava da própria comunidade, utilizando os vocábulos cênicos desenvolvidos durante a oficina de teatro, em uma linguagem completamente identificável. Um teatro necessário que, segundo Brook (1970), é "aquele no qual só existe uma diferença de ordem prática – e não fundamental – entre ator e público".

A separação era somente formal, todos estavam juntos na apresentação do produto criativo. A cada cena, descobertas e lembranças confundiam-se e estabeleciam um espaço virtualizado, que não era nem realidade, nem um fenômeno artístico, era a vida da comunidade sendo mostrada.

Conclusão

Na alfabetização cênica, o aprendizado em teatro ocorre por uma leitura transversal, elevando o aluno ao ato de fazer, criar seus signos e possibilitar a leitura dos mesmos. O teatro como arte simbólica, em sala de aula, estimula uma releitura do imaginário coletivo do grupo como um meio de maior inserção dos alunos no seio de sua comunidade. Uma releitura imagética, transversal e inclusiva que acarreta a re-significação de valores, emoções e sensações. Uma sala de aula inclusiva onde o conhecimento é autoconhecimento.

É como nos diz Morin: "Não possuímos as chaves que abririam as portas de um futuro melhor. Não conhecemos o caminho traçado", porém *"El camino se hace al andar"*[43] (Antonio Machado).

> *As oficinas me ajudaram a olhar*
> *a vida de outro jeito, de um jeito diferente.*
> *Passei a pensar de modo diferente.*
> (Jéssica – no final da experiência
> com alfabetização cênica)

---

[43] "Ao andar se faz o caminho."

Bibliografia

BROOK, P. *O Teatro e seu Espaço.* Petropólis: Vozes, 1970.

_____. *A porta aberta.* Rio de Janeiro: C. Brasileira, 1999.

CLIFFORDS, G. *A interpretação das culturas.* Rio de Janeiro: Guanabara, 1989.

DELORS, J. (org.). *Educação: um tesouro a descobrir. Relatório para a UNESCO da Comissão Internacional sobre Educação para o século XXI.* São Paulo: Cortez; Brasília, DF: MEC: UNESCO, 2000.

DURAND, G. *A imaginação simbólica.* Lisboa: Edições 70, 1993.

_____. *As estruturas antropológicas do imaginário.* São Paulo: Martins Fontes, 1997.

DURAND, Y. A formulação experimental do imaginário e seus modelos. *Revista da Faculdade de Educação*, São Paulo, FEUSP, 13(2):133-54, 1987.

HUIZINGA, J. *Homo ludens.* São Paulo: Perspectiva, 2000.

MORIN, E. *Os sete saberes necessários à educação do futuro.* São Paulo: Cortez, 2001.

_____. *A cabeça bem feita:* repensar a reforma, reformar o pensamento. Rio de Janeiro: Bertrand Brasil, 2001.

PAVIS, P. *Dicionário de teatro.* São Paulo: Perspectiva, 1999.

RYNGAERT, J. P. *O jogo dramático no meio escolar.* Coimbra: Centelha, 1981.

_____. *Jouer, représenter.* Paris: Cedic, 1985.

SCHECHNER, R. *El teatro ambientalista*. México: Árbol, 1988.

SECRETARIA MUNICIPAL DE EDUCAÇÃO. *Relatório tendências metodológicas do ensino de teatro na rede escolar pública municipal.* Rio de Janeiro: SME, 2003.

Teatro-Educação e Vygotsky

Pressupostos e Práticas da Psicologia Socioistórica na Educação Estética

Adilson Florentino

> *[...] começa a afirmar-se, de modo cada vez mais intenso, a consciência de que é necessária uma base sociológica e histórica para a construção de qualquer teoria estética*
> Vygotsky

Este ensaio pretende estabelecer uma interlocução/reflexão com a matriz epistemológica vygotskyana e as questões que ela suscita no campo das tensões e contradições tematizadas em torno da formação do professor do ensino de teatro, propondo uma perspectiva crítico-analítica que aprofunde a compreensão das relações entre os universos estéticos e educativos. A partir da perspectiva transcultural dos estudos de Vygotsky, será feita uma análise que circunscreve a educação estética como uma prática histórica fundamental cujas implicações científico-sociais (paradigmáticas) devem incidir nos múltiplos contextos formativos dos professores de teatro no Brasil.

Este artigo representa a síntese de uma disciplina optativa oferecida por mim em resposta à demanda dos graduandos, no curso de licenciatura em teatro da Universidade Federal do Estado do Rio de Janeiro (UNIRIO), no período de dois semestres letivos, compreendidos entre os anos de 2003 e 2004. A elaboração do programa dessa disciplina partiu do pressuposto fundamental de que os debates sobre a formação de professores do ensino do teatro desenvolvidos hoje na Universidade têm revelado a preocupação com os efeitos insatisfatórios das práticas docentes artísticas perante a complexidade que enfrentamos.

Nas falas dos alunos inscritos nessa disciplina havia a revelação de que, nas suas experiências de estágio, os acontecimentos do cotidiano escolar denunciavam fortemente que os paradigmas hegemônicos orientadores da prática do ensino do teatro não haviam alcançado o grau de satisfação prometido. Esses alunos-mestres denunciavam que o contato empírico com o cotidiano escolar colocava sob suspeita as intenções desses paradigmas, que pretendiam dar respostas globais e totais para uma realidade que se mostrava particular e contextual.

No essencial, uma e outra perspectiva teórico-estética pretendiam ser um ponto de referência de uma prática educativa em torno das Artes, mais especificamente do teatro, capaz de dar as respostas satisfatórias que a realidade escolar apresentava, como se ela fosse fixa e acabada, e não um processo permanente de construção que se mantinha numa estreita relação com o contexto macroestrutural da sociedade mais ampla e dos atores sociais que nela estavam envolvidos. Nesse sentido, Morin (2002) reafirma a relevância da complexidade, da incerteza e da instabilidade, singularidade e conflito de valores dos fenômenos educativos.

Foi no embate com a realidade escolar que as certezas caíram por terra e exigiram cada vez mais a busca e o entrecruzamento de saberes. Nessa tensão, os referidos alunos-mestres compreenderam que os paradigmas hegemônicos do ensino do teatro não forneceram respostas para as incógnitas que o cotidiano apresentou, pois a realidade escolar sempre os apresentou novas e complexas dificuldades.

Em torno dessas preocupações, os alunos do curso de licenciatura em teatro da UNIRIO sentiram a necessidade de encontrar subsídios teóricos em algumas perspectivas ou abordagens de conhecimento que pudessem considerar os estudos da relação ensino-aprendizagem no contexto de práticas situadas historicamente, entre as quais o enfoque vygotskyano.

Neste texto buscamos, de forma sumária, enfocar a produção de Vygotsky e, especificamente, em que condições ela pode contribuir para o debate sobre as relações entre teatro e educação. Primeiramente será abordado o conceito mais influente de Vygotsky – a zona de desenvolvimento proximal –, seguido pelos princípios a que chegou para formular a sua teoria, o que inclui a crítica formulada pelo autor sobre as posições teóricas tradicionais dos estudos de desenvolvimento e aprendizagem; prosseguindo, verificam-se as críticas formuladas em torno do conceito de estética e as suas relações com o ensino do teatro.

Muitos conceitos fundamentais da teoria vygotskyana, tais como mediação, prática, atividade e a natureza histórica dos processos psicológicos superiores, são adaptações de idéias elaboradas anteriormente por Marx e Engels. A perspectiva teórica de Vygotsky é, em grande parte, uma aplicação do materialismo dialético e histórico no contexto da psicologia.

Uma das contribuições de Vygotsky que merece ser revitalizada é o emprego que ele faz do conceito de história e da análise metateórica da psicologia a fim de dar uma orientação fundamentada à sua investigação psicológica. A elaboração do seu projeto de investigação teve início com um ensaio no qual ele analisava o quadro teórico e prático da psicologia de sua época a partir do ponto de vista das idéias filosóficas acerca da história e da ciência.

Do ponto de vista marxista, apropriado por Vygotsky, a história não é meramente uma narração que permite compreender o passado, ela se funde nas bases materiais para explicar os acontecimentos que afetam uma sociedade particular. No caso da história da ciência psicológica, para se explicar o surgimento de uma determinada teoria e os seus impactos, é necessário referir-se ao seu desenvolvimento conceitual, aos seus descobrimentos empíricos, aos instrumentos teóricos gerados por ela e à história externa da própria disciplina, assim como aos fatos sociais ou pessoais que favoreceram o seu desenvolvimento ou impediram o seu progresso.

A ZONA DE DESENVOLVIMENTO PROXIMAL COMO SISTEMA SOCIAL

A obra de Vygotsky é vasta, não só porque ele escreveu milhares de páginas, mas também porque era um inovador em múltiplos campos nos quais teve a oportunidade de atuar como núcleo de um círculo intelectual. Ele criou uma escola que até o momento atual tem inspirado os seus seguidores a darem continuidade ao desenvolvimento de sua teoria.

Sua obra tem sido interpretada e aplicada de vários modos. Isso se deve em parte ao fato de que muitas de suas idéias nunca foram publicadas. Vygotsky modificou suas propostas com o tempo, enriquecendo-as sucessivamente. Tal desiderato se devia à ambição de seu projeto intelectual e ao fato de que sua obra foi levada a cabo em uma trágica batalha contra o tempo. Onde alguns percebem um coerente desenvolvimento da teoria de Vygotsky por parte de seus seguidores, outros encontram contradições irreconciliáveis.

Quais são as assertivas básicas da teoria de Vygotsky? A de que a atividade mental é exclusivamente humana e é resultante da aprendizagem social, da interiorização dos signos sociais e da internalização da cultura e das relações sociais. O desenvolvimento psicológico é essencialmente um processo sociogenético, visto que a cultura é internalizada pelo homem em forma de sistemas neuropsíquicos sobre a base do cérebro. A atividade nervosa superior permite a formação e o desenvolvimento de processos psíquicos superiores.

A atividade neuropsíquica superior consiste em uma atividade nervosa superior que internaliza os significados sociais acumulados pelo patrimônio cultural da humanidade por meio dos signos. Esse processo realiza-se no transcurso do desenvolvimento ontogenético da sociedade a partir da interação social da criança com o adulto, que constitui o transmissor da experiência social. A atividade social e as ações práticas também permitem a internalização de esquemas sensoriomotores que, posteriormente, vão sendo circunscritos em significações sociais. Finalmente, o processo de internalização tem caráter histórico. As funções mentais superiores, assim como o comportamento, adquirem formas diferentes em culturas e relações sociais historicamente distintas.

Nem a escola naturalista nem a mentalista de psicologia, desde o começo do século XX, jamais explicaram cientificamente os processos mentais superiores. Os estudiosos naturalistas aderiam aos métodos das ciências naturais. Afirmando princípios filosóficos e limitações históricas da tecnologia disponível para a investigação, esse enfoque restringiu-se ao estudo dos processos psicológicos mais simples, como as sensações ou as condutas observáveis. Quando essa corrente se encontrava com funções complexas, ela as reduzia, decompondo-as em elementos simples, ou, em outros casos, adotava um dualismo que abria as portas à especulação arbitrária. Os mentalistas, que se ocupavam dos fenômenos do espírito, descreviam os processos mentais superiores, não sendo capazes de explicá-los; e qualquer tentativa de explicação se dava de maneira arbitrariamente especulativa.

Insatisfeito com essas posições teóricas, Vygotsky sustentava que a psicologia devia descartar a explicação científica, determinista e causal das funções mentais superiores, pois se referia à psicologia como instrumental, cultural e histórica.

O caráter instrumental alude à mediação dos processos mentais superiores. O homem modifica ativamente os estímulos externos, utilizando-os como instrumentos para controlar as condições ambientais e para regular sua própria conduta. As investigações de Vygotsky tentavam estabelecer como o homem, com o auxílio de instrumentos e signos, dirige a sua atenção, organiza a memorização consciente e regula o seu comportamento. A essência da conduta humana reside em seu caráter mediatizado por ferramentas e signos. As ferramentas estão orientadas para fora, para a transformação da realidade física e social. Já os signos estão orientados para dentro, para a auto-regulação da própria conduta. Isso quer dizer que vivemos em um universo de signos e que a nossa conduta não está determinada pelos objetos, mas sim pelos signos a eles adjudicados.

A acepção cultural significa que a sociedade proporciona às crianças metas e instrumentos estruturados. A linguagem é um dos instrumentos-chave, criados pela humanidade para a organização dos processos de pensamento. Ela carrega conceitos que pertencem à experiência e ao conhecimento da humanidade. Instrumentos como a linguagem se desenvolveram ao longo da história; assim sendo, a condição cultural se une à condição histórica. Como um dos exemplos de ferramenta psicológica e seus sistemas complexos, Vygotsky se referia às artes.

Vygotsky (1999a) denominou a sua psicologia de *psicologia genética*, querendo dizer que ela é evolutiva. Tal denominação implica a noção marxista de que a essência de qualquer fenômeno só pode ser entendida a partir do estudo de suas origens e desenvolvimento. Ao estudar os processos mentais, Vygotsky considerou tanto a sua evolução social e cultural como o desenvolvimento ontogenético individual. Desde o nascimento, as crianças interagem com os adultos, que as socializam em seu contexto cultural, e isso constitui a bagagem de significados, a linguagem, as convenções e a visão de mundo.

A insistência de Vygotsky no emprego da análise genética para o exame do funcionamento da mente humana indica que, para ele, o caminho fundamental que conduz à compreensão do funcionamento mental consiste em precisar suas origens e as transformações genéticas que têm experimentado, eixo que se resume na sua adesão à afirmação de que a conduta só pode ser entendida como sendo a história das condutas. Seus trabalhos consagrados a questões de história social desempenharam um papel tão importante em sua teoria, que na extinta União Soviética o seu enfoque pode ser caracterizado como "sociohistórico" ou "cultural ou histórico".

A tarefa do enfoque sociohistórico da mente, sustentado por Vygotsky, consistia em examinar a maneira com que o funcionamento da mente humana se tornava um marco histórico, institucional e cultural.

As crianças, segundo Vygotsky, agem, desde o início do seu processo de desenvolvimento, com processos mentais inferiores, como atenção involuntária, percepção e memória elementar, seguindo o curso natural. Assim, por meio da permanente interação com os adultos, os processos elementares se transformam radicalmente em processos mentais superiores.

As funções mentais superiores são parte da herança social e cultural da criança e vão do plano social ao psicológico, do interpsíquico ao intrapsíquico, do socialmente regulado ao auto-regulado. A criança, por meio das ações regulatórias e do discurso externo, chega a comprometer-se em uma ação e um discurso autônomos.

O desenvolvimento de qualquer capacidade de aprendizagem individual representa uma relação de troca entre a auto-regulação e a regulação social. Gradualmente, com o passar do tempo, a criança necessita de cada vez menos auxílio para o seu desempenho, já que a sua capacidade de auto-regulação aumenta. Em conseqüência, o progresso pela zona de desenvolvimento proximal é gradual.

O progresso por essa zona de desenvolvimento apresenta-se em um modelo de quatro etapas que estão centradas fundamentalmente na relação entre o autocontrole e o controle social:

- **Etapa 1:** na qual os outros mais capazes auxiliam no desempenho.
- **Etapa 2:** na qual o "eu" auxilia na aprendizagem.
- **Etapa 3:** na qual o desempenho se desenvolve e se automatiza.

- **Etapa 4:** na qual a desautomatização do desempenho leva à recorrência por meio da zona de desenvolvimento proximal.

Depois de afirmar a natureza social, cultural e histórica dos processos mentais superiores, Vygotsky estudou, a partir do princípio de desenvolvimento ontogenético dos sujeitos de uma determinada cultura, os modos como se estabelecem as trocas dinâmicas. Dessa forma, ele descobriu o desenvolvimento ontogenético não como uma linha reta de acumulações quantitativas, mas como uma sucessão de transformações dialéticas qualitativas. As funções mentais superiores formam-se em fases, cada uma das quais em um complexo processo de desintegração e integração. Cada fase se distingue por uma organização particular da atividade psicológica. Assim, Vygotsky considerava a aquisição da linguagem como o momento mais significativo no curso do desenvolvimento cognitivo, principalmente quando ela começa a servir como instrumento psicológico para a regulação da conduta.

Pela influência da linguagem, a percepção muda radicalmente, formam-se novos tipos de memória e criam-se novos processos de pensamento. Vygotsky (1989) estudou especialmente as relações entre pensamento e discurso, bem como formulou a tese da organização semântica e sistêmica da consciência. A estrutura total da consciência e os processos mentais superiores sofrem variações nas diferentes fases do desenvolvimento. Se, por exemplo, nas fases iniciais as crianças pensam da maneira como percebem e se recordam das coisas, nas fases posteriores elas percebem e se recordam das coisas a partir do modo como pensam.

A teoria de Vygotsky teve conseqüências revolucionárias na neurofisiologia em suas relações com a psicologia. Suas idéias inspiraram os novos modelos de organização cerebral da atividade psíquica e o objeto de estudo da neuropsicologia, disciplina da qual pode-se considerar Vygotsky como legítimo fundador.

Para ele, a educação formal era um instrumento essencial de enculturação, pois considerava a escola como o melhor laboratório de psicologia humana. Dentro do contexto de uma interação ativa e sistemática entre alunos e professores, aos primeiros vão sendo proporcionados, de maneira organizada, as ferramentas psicológicas que determinarão a reorganização de suas funções mentais.

Segundo seus colaboradores, como Luria (1990), o aporte mais importante de Vygotsky foi reconhecer as crianças como agentes ativos do processo educativo, porque elaboram internamente a atividade pedagógica.

A polêmica relação entre aprendizagem e desenvolvimento, crucialmente importante para os educadores, foi destacada na obra de Vygotsky. Estudiosos como Piaget (2002) têm assinalado que a maturação biológica é a condição necessária para a aprendizagem. Vygotsky (1988) estava em desacordo com essa assertiva e sustentava que o processo evolutivo era guiado pelo processo de aprendizagem e que qualquer pedagogia que não respeitasse esse fato era considerada estéril. Para Vygotsky, a pedagogia cria processos de aprendizagem que guiam o desenvolvimento e essa seqüência resulta na zona de desenvolvimento proximal.

Vygotsky (1988) definiu a zona de desenvolvimento proximal como a distância existente entre o nível real e o nível potencial de desenvolvimento. O conceito de zona de desenvolvimento proximal tipifica o método de investigação na educação em Vygotsky. Como exemplo, oferece-se ao aluno um objetivo difícil; ele, então, recebe a orientação do professor; e, depois que alcança tal objetivo, é oferecido a ele um outro objetivo, cuja tarefa deve ser resolvida com ou sem o auxílio do professor.

Entre outros aportes fundamentais de Vygotsky, suas idéias em relação ao jogo assumem uma importância vital nos processos de educação infantil. De fato, ele considerava que o jogo era a principal atividade para a interiorização e a apropriação do ambiente durante os primeiros anos. Os escritos de Vygotsky sobre as relações entre jogo, linguagem e pensamento, entre muitos outros tópicos, têm-se convertido em uma riquíssima fonte de inspiração e motivação para o desenvolvimento de uma nova psicologia da educação (Florentino, 2003).

Vygotsky, assim como Dewey e Piaget, citados por Koudela (2002), escreve extensamente sobre o poder do jogo na aprendizagem infantil. No jogo, as crianças exercitam sua imaginação e também exploram os papéis dos adultos nas experiências da vida cotidiana. Como o jogo inclui a fantasia, as crianças recorrem às suas experiências por meio de contos e de outras atividades similares.

O jogo parece mais realista quando as crianças fingem ser pais e filhos, professores e alunos, médicos e enfermeiras, pilotos de avião, atores e atrizes. Ao jogarem, as crianças ado-

Teatro-Educação e Vygotsky

tam a linguagem adequada e realizam atividades relevantes para tais ocupações. Tanto nas situações de jogo de faz-de-conta como nas situações reais, as crianças embrenham-se em experiências extra-escolares nas quais aprendem muito sobre o conhecimento e a cultura de seus pares e dos adultos na sociedade.

Como sugere Vygotsky, o jogo, em si mesmo, estabelece a mediação na aprendizagem da criança. Como somente elas estão jogando, são livres para correr o risco de fazer coisas que não têm confiança de poder fazer bem. No jogo social, as crianças interagem entre si, mediando cada uma na aprendizagem da outra. Aprendem a compreender os significados do mundo e julgam com suas representações de mundo. Constroem conceitos científicos, bem como também de linguagem, incluindo a linguagem artística. Nesse sentido, os conceitos iniciados no jogo não são somente a base dos conceitos científicos, mas chegam a formar parte integrante deles.

Vygotsky nos ajuda a entender que, quando as crianças interagem com o seu mundo, são capazes de fazer mais do que parece e podem extrair muito mais de uma atividade ou experiência se existe um adulto ou um companheiro de jogo mais experiente que possa mediar a experiência para elas. Por isso, há cada vez mais evidência de que a aprendizagem colaborativa entre pares ativa a zona de desenvolvimento proximal.

Vygotsky também usava o conceito de zona para destacar a importância das condições sociais na compreensão do pensamento e de seu desenvolvimento. Em conseqüência, concebia o pensamento como uma característica da criança inserida nas atividades sociais com outros sujeitos. Em termos de aprendizagem na aula, ele destacava, especialmente, a relação entre o pensamento e a organização social do ensino. Por isso, a zona de desenvolvimento proximal, sendo uma heurística em prática, possui também um grande interesse teórico ao proporcionar uma unidade de estudo que integra de forma dinâmica o indivíduo e o entorno social.

O conceito de zona está relacionado às preocupações de Vygotsky sobre as análises entre aprendizagem e desenvolvimento (1988). Vygotsky desenvolveu tal conceito a partir de três fases relacionadas à crítica aos métodos de medida do quociente de inteligência, a saber:

1. A primeira fase recai na ênfase da atividade mediada por signos em contextos culturais específicos.
2. A segunda fase se concentra no desenvolvimento de sistemas psicológicos interfuncionais e no significado da linguagem como a unidade-chave de análise.
3. Na última fase, pouco antes de sua morte, Vygotsky propôs o conceito de zona de desenvolvimento proximal.

Ele criticava, sobretudo, os enfoques que sustentavam o isolamento conceitual da mente e do comportamento, e grande parte de sua produção intelectual pode ser entendida como o desenvolvimento de conceitos e teorias para superar essa contradição, integrando a análise dos processos psicológicos superiores e as ações sociais, bem como enfatizando uma compreensão mais detalhada do comportamento humano e de suas mediações semióticas. Vygotsky estudou a formação social dos processos psicológicos por meio da análise da atividade mediada por signos. Ele criticava o estudo dos processos psicológicos que estavam fossilizados, pois queria estudar a formação de processos pela análise do sujeito nas suas atividades sociais interativas. Assim, o conceito de zona de desenvolvimento proximal representa uma transição ou transformação importante na interação ou troca da atividade mediada socialmente pelo uso dos signos.

Vygotsky assinalava que o fato central do conhecimento psicológico é o fenômeno da mediação semiótica. Especialmente em sua análise da educação formal, ele enfatizava a natureza das interações sociais entre estudantes e professores. Por isso, escreveu sobre as formas de cooperação essenciais para o ensino e sobre a forma pela qual o conhecimento é construído pelo estudante em um sistema definido. Ao falar de sistema definido, Vygotsky se referia à organização social do ensino e da escolarização e aos modos como era produzida uma socialização específica do pensamento do estudante. Em particular, enfatizava duas características do ensino e da escolarização: o desenvolvimento da tomada de consciência e o controle voluntário do conhecimento. Ele ilustra a importância do controle voluntário distinguindo os denominados conceitos científicos dos conceitos cotidianos. A diferença-chave entre ambos é que os conceitos científicos, comparados com os do cotidiano, são sistemáticos, formados por um sistema de educação formal.

A força dos conceitos científicos radica na capacidade do estudante para utilizá-los voluntariamente, o que Vygotsky

(1999b) denominou de disposição para a ação. Em contradição, a debilidade dos conceitos cotidianos radica na incapacidade do estudante para manipulá-los de modo voluntário, por sua ausência de sistematicidade.

Vygotsky se concentrou na manipulação da linguagem como característica importante da escolarização formal e do desenvolvimento dos conceitos científicos. O discurso escolarizado representa uma forma de comunicação qualitativamente diferenciada, uma vez que as palavras contidas nele não atuam somente como meio de comunicação, como o discurso cotidiano, mas, sobretudo, como objeto de estudo. Nas interações em aula, o professor direciona a atenção dos estudantes a significados e definições de palavras, bem como às relações sistemáticas entre elas que constituem um sistema de conhecimento organizado.

Nesse sentido, Vygotsky permite pensar que o ensino das diferentes linguagens artísticas, com sua organização, práticas e discursos específicos, bem como por meio de suas mediações sociais e semióticas, subsidia o estudante a desenvolver a capacidade de manipulação consciente desse sistema simbólico.

Em conseqüência, a partir da perspectiva vygotskyana, um dos papéis essenciais do ensino das linguagens artísticas é o de criar contextos sociais (zonas de desenvolvimento proximal) para o estudante a fim de que ele possa dominar conscientemente o uso de ferramentas culturais. Pois é por meio do domínio dessas tecnologias de representação e comunicação que os estudantes produzem a capacidade e os modos para a atividade intelectual de ordem superior.

Teatro-Educação e Vygotsky

Vygotsky (1988) formulou uma teoria de superação das tradições positivistas que pudesse estudar o homem e seu mundo psíquico como uma construção histórica e social. O mundo psíquico está diretamente vinculado ao mundo material e às formas de vida que os homens vão construindo ao decorrer da História.

Vygotsky desenvolveu uma estrutura teórica marxista para a Psicologia a partir dos seguintes pressupostos:

1. Todos os fenômenos devem ser estudados como processos em permanente movimento e transformação.
2. O homem constitui-se e transforma-se ao atuar sobre a natureza com sua atividade e seus instrumentos.
3. Não se pode construir qualquer conhecimento a partir do aparente, pois não se captam as determinações que são constitutivas do objeto. Ao contrário, é preciso rastrear a evolução dos fenômenos, pois estão em sua gênese e em seu movimento as explicações para a sua aparência atual.
4. A mudança individual tem sua raiz nas condições sociais de vida; assim, não é a consciência do homem que determina as formas de vida, mas é a vida que determina a consciência.

Segundo essa abordagem, existem somente homens concretos, situados no tempo e no espaço, inseridos em um contexto sócio-econômico-cultural-político, enfim, em um contexto histórico.

O homem é considerado um sujeito que possui raízes espaço-temporais: situado no e com o mundo.

A visão de homem que resulta do confronto e da colaboração entre esta abordagem permite resgatar:

1. A unidade do conhecimento, por meio da relação sujeito/objeto, em que se afirma, ao mesmo tempo, a objetividade do mundo e a subjetividade.
2. A realidade concreta da vida do homem como fundamento para toda e qualquer investigação.

Todas essas considerações encaminham o exame de que o ensino do teatro pode implicar em um processo de desenvolvimento, do potencial por meio da influência recíproca entre o estudante e o mundo social, onde se insere o mundo do teatro.

AS CONTRIBUIÇÕES PARA O ENSINO DO TEATRO

A contribuição primordial de Vygotsky foi desenvolver um enfoque geral que incluísse plenamente a educação como atividade humana fundamental em uma teoria do desenvolvimento psicológico. A pedagogia humana, em todas as suas formas, é a característica definidora de seu enfoque, o conceito central em seu sistema. E, como parte de seu enfoque, proporcionou conceitos teóricos necessários e instrumentos com os quais se pode aplicar e elaborar seus *insights* na prática.

Teatro-Educação e Vygotsky

Assim, a zona de desenvolvimento proximal, como conceito de conexão na teoria de Vygotsky, corporiza ou integra os elementos-chave de sua teoria, assim como a ênfase na atividade social e a prática cultural como fontes de pensamento, a importância da mediação nas funções psicológicas, a centralidade da pedagogia no desenvolvimento e a indivisibilidade entre o indivíduo e o social. O conceito de zona coloca o sujeito ativo como objeto de estudo, com todas as suas complexidades implicadas.

Aplicado ao estudo do ensino do teatro, esse enfoque significa a necessidade de estudar como as práticas dos professores de teatro limitam ou facilitam, atualmente, o pensamento e a necessidade de criar práticas novas, mais avançadas e complexas, tanto para os docentes como para os alunos com quem trabalhamos a linguagem teatral.

Nas aulas de teatro, os professores não devem ser reduzidos a técnicos impotentes que gerenciam papéis de trabalho e exercícios aos alunos. Na perspectiva de Vygotsky, os professores de teatro devem outorgar o poder aos alunos, valorizando-os pelo que são, pelo que sabem, fazem e acreditam. Devem orientar os alunos na resolução de seus problemas e na construção do conhecimento. Os alunos devem se ver envolvidos e comprometidos nas situações de aprendizagem em que o teatro ocupe um espaço autenticamente criativo e, para isso, o professor dessa disciplina deve ser encarado da seguinte maneira:

- iniciador;
- observador-participante;
- mediador;

- agente libertador;
- formador da consciência estética;
- formador da cidadania ativa;
- educador crítico-reflexivo;
- praticante da arte da improvisação;
- comprometido com a educação democrática e inclusiva;
- comprometido com a dimensão socioafetiva dos seus alunos.

A força das idéias de Vygotsky está radicada na representação de uma teoria das possibilidades. A construção da zona de desenvolvimento proximal adverte-nos que as práticas educativas são criações sociais, ou seja, se constituem e podem ser transformadas socialmente.

A questão central da abordagem transculturalista de Vygotsky é que o estudante é considerado um sujeito histórico e que, portanto, a unidade indivíduo-sociedade deve constituir o seu objeto real de estudo, e não as abstrações desprovidas de sua base concreta. A compreensão do estudante como um ser histórico é uma condição imprescindível para um possível redimensionamento das práticas docentes no campo artístico. Cabe, portanto, na formação dos professores de teatro, o tratamento da unidade de análise indivíduo-sociedade como sendo de natureza concreta, isto é, determinada a partir das contradições que se estabelecem nas relações sociais de produção da vida material. Isso significa tomar como ponto de partida no estudo dos fenômenos estéticos a sua dimensão histórico-cultural.

As implicações que essa visão de ciência pode trazer para o desenvolvimento do ensino do teatro exigem um trabalho difícil e complexo de investigação, tomando por base os trabalhos já desenvolvidos nessa orientação. Porém, há muitas questões a serem elucidadas e muitos outros problemas complexos decorrentes do próprio movimento real histórico que emergirão durante esse processo.

A construção de uma prática docente artística que supere a parcialidade da concepção estética burguesa, portanto, terá de ser assumida na práxis dos professores de teatro que tenham por projeto a transformação social pelo fenômeno estético, em vez da reprodução das estruturas sociais vigentes.

O ensino do teatro, tendo como pressuposto básico que a formação da consciência estética no estudante é regida pelas suas condições históricas materiais e subjetivas (Kosik, 1989), coloca como fundamental a consideração de que pela linguagem teatral se dá a assimilação das propriedades objetivas e não-materiais encarceradas nos diferentes produtos sociais. A formação da consciência estética possibilita ao estudante a apreensão da verdadeira dimensão humana como participante ativa da produção da sociedade. Dessa forma, o fenômeno estético pode ser compreendido também como um processo histórico.

Essa proposição que define a formação da consciência estética como sendo produzida por meio da apropriação pelo estudante dos produtos socioculturais, implica a investigação das suas condições de vida, para que o ensino do teatro possa apontar os contextos mais apropriados para o desenvolvimento escolar, principalmente visando seu desempenho no interior da escola.

Nesse contexto, há então necessidade de que o ensino do teatro forneça ao estudante uma visão crítico-transformadora da sua situação real e formule alternativas para os problemas emergentes da própria sociedade (Freire, 1996; McLaren, 1997).

Nessa perspectiva, é possível pensar no ensino crítico do teatro, que deve estar centrado na cultura popular e desenvolver estratégias curriculares baseadas na formação da subjetividade do estudante a fim de recuperar a história não como sendo submetida à experiência, mas como uma forma de reacender a memória daqueles que estão sendo vigiados em silêncio.

Tal pressuposto caminha na mesma direção da concepção de Vygotsky em relação ao fazer artístico e o seu sentido estético. A arte emerge para Vygotsky (2001) como um fenômeno especificamente humano, produzido nas múltiplas determinações histórico-sociais em que se dá a construção do caráter multifacetado do homem como o intérprete do mundo. É por isso que, para Vygotsky, toda e qualquer psicologia só pode explicar o comportamento humano a partir da reação estética submersa no campo artístico, pois "a arte é o social em nós" (p. XII).

Em síntese, as contribuições trazidas por Vygotsky para se pensar a formação dos professores de teatro merecem um olhar e uma interrogação em que se intercruzem saber e poder, representações e domínio, discurso e regulação, materializados nas relações sociais na medida em que constituem uma frente privilegiada de luta estratégica. A prática pedagógica do ensino do teatro deve constituir uma importante narrativa nas quais os "teatro-educadores" exercem o privilegiado poder de representação e de construção/intervenção da e na realidade estética.

BIBLIOGRAFIA

FLORENTINO, A. Homem: visão psicológica I e II. In: FLORENTINO, A. et al. *Fundamentos da educação 1*. Rio de Janeiro: Fundação CECIERJ, 2003.

FREIRE, P. *Pedagogia da autonomia*. Rio de Janeiro: Paz e Terra, 1996.

KOSIK, K. *Dialética do concreto*. Rio de Janeiro: Paz e Terra, 1989.

KOUDELA, I. *Jogos teatrais*. São Paulo: Perspectiva, 2002.

LURIA, A. *Desenvolvimento cognitivo:* seus fundamentos culturais e sociais. São Paulo: Ícone, 1990.

McLAREN, P. *Pedagogía crítica y cultura depredadora*. Barcelona: Paidós, 1997.

MORIN, E. *A cabeça bem feita*. Rio de Janeiro: Bertrand Brasil, 2002.

PIAGET, J. *A epistemologia genética*. São Paulo: Martins Fontes, 2002.

VYGOTSKY, L. *A formação social da mente*. São Paulo: Martins Fontes, 1988.

_____. *Pensamento e linguagem*. São Paulo: Martins Fontes, 1989.

_____. *Teoria e método em Psicologia.* São Paulo: Martins Fontes, 1999a.

_____. *O desenvolvimento psicológico na infância.* São Paulo: Martins Fontes, 1999b.

_____. *Psicologia da arte.* São Paulo: Martins Fontes, 2001.

Caminhos Possíveis para o Ensino do Teatro

Liliane Ferreira Mundim

Minha segurança se alicerça no saber confirmado pela própria experiência de que, se minha inconclusão, de que sou consciente, atesta, de um lado, minha ignorância, me abre, de outro, o caminho para conhecer.
Paulo Freire

A história do ensino de Arte no Brasil vem se construindo a partir de inúmeras batalhas. No que se refere ao ensino do teatro, especificamente na cidade do Rio de Janeiro, os caminhos percorridos se diferenciam das demais áreas. No início da década de 1980, por meio da luta de alguns profissionais, foi elaborado um documento com uma proposta de organizar e orientar o ensino dessa disciplina[44] no sentido de reafirmar seu espaço dentro da escola.[45]

---

[44] Na época e até o presente momento, a disciplina Teatro tem a denominação de Artes Cênicas apesar de ter sido indicada para modificação nos Parâmetros Curriculares Nacionais-Arte (1998) como Teatro.
[45] Ver como referência bibliográfica, o documento *O caminho das artes cênicas*, publicado em 1982 pela SME.

Esse relato de experiência que apresento surgiu da necessidade de dar continuidade a esse procedimento de registro e sistematização, condição fundamental para que possamos ter instrumentos mais palpáveis para a reflexão crítica, referente a essa área de conhecimento e seus desdobramentos pedagógicos na escola pública.

É importante explicar esse contexto sociohistórico, pois meu olhar vem impregnado das questões a ele subjacentes. Trabalhando como elemento de equipe do órgão central da Secretaria Municipal da Cidade do Rio de Janeiro (SME), há mais de dez anos venho desenvolvendo algumas ações voltadas para a formação continuada dos profissionais de Artes Cênicas da Rede Pública. E, nesse caminho, tenho tentado não me ater somente à visão institucional, mas sim estabelecer uma interlocução junto às diferentes instâncias governamentais e não-governamentais e, com isso, discutir e elaborar propostas embasadas na articulação desses diferentes fazeres e saberes.

A diversidade encontrada no *ethos* da sociedade brasileira, especificamente na comunidade escolar da Rede Pública Municipal da Cidade do Rio de Janeiro,[46] com suas múltiplas características que se entrecruzam, forma um verdadeiro caleidoscópio multicultural.

Inúmeras tentativas e ações vêm sendo desenvolvidas a partir do nível central da SME. Cada gestão política traz modificações tanto no nível filosófico como também no me-

---

[46] A Rede Pública Municipal de Ensino da Cidade do Rio de Janeiro é a maior da América Latina. Possui 1.058 escolas, em torno de 40 mil professores e 700 mil alunos (dados de 2005).

todológico e estratégico. Lidar com essas questões que, na prática cotidiana, muitas vezes tendem a nos desestabilizar, é um verdadeiro exercício de paciência histórica.

Tratando-se de tema tão amplo e irrestrito como o ensino do teatro no meio escolar, deve-se pensar de que forma podemos estabelecer parâmetros e diretrizes curriculares, considerando as questões de identidade de uma disciplina ainda recente como área de conhecimento didático-pedagógico.

Estabeleci, portanto, um recorte para territorializar melhor minha tentativa de expor essa experiência vivida no Programa de Extensão Educacional Núcleo de Arte, na Secretaria Municipal de Educação.

Essa proposta de trabalho, que vem sendo construída ao longo de mais de dez anos, contempla não somente a área da linguagem teatral, mas também as linguagens da dança, da música, das artes visuais, que vão se transformando em projetos artístico-pedagógicos, oferecendo aos alunos da Rede Pública as possibilidades de fazer, ler e contextualizar a Arte.

Refletir sobre a prática e escrever sobre ela é um dos movimentos que considero imprescindíveis ao fazer pedagógico. A formação de um professor reflexivo, surgido em alguns contextos de reformas educacionais,[47] vem discutindo essas práticas.

No cotidiano das escolas da Prefeitura da Cidade do Rio de Janeiro, a luta no sentido de incluir realmente as lingua-

---

[47] Essa discussão vem sendo o foco da SME e tem no pensamento de Alarcão, Perrenoud, Schön, dentre outros, suas referências teóricas.

gens da Arte, como áreas dotadas de um saber próprio e específico e que devem ser tratadas como áreas de conhecimento fundamentais, tem sido árdua e persistente. A formação do sujeito crítico-reflexivo não deve se distanciar do pensamento do leitor estético do mundo, e a Arte é um dos pilares para transformações paradigmáticas.

TRAZENDO A MEMÓRIA

No ano de 1994, fui convidada para fazer parte da equipe de coordenação da área de teatro do Departamento Geral de Ação Cultural – DGAC, que fazia parte do Departamento da Secretaria Municipal de Educação da Cidade do Rio de Janeiro (SME).

O projeto "Teatro na Escola" (1994) era uma das ações desenvolvidas por esse Departamento e desdobrava-se em duas vertentes: "A Escola vai ao Teatro" e "O Teatro vai à Escola". Essas ações objetivavam oferecer aos alunos da Rede Pública a oportunidade de assistir a espetáculos teatrais, devidamente selecionados e adequados às diferentes faixas etárias, promovendo com isso o acesso à arte teatral de forma sistemática. Eram oferecidas também outras atividades, como oficinas e debates.

Nesse sentido, a linguagem do teatro era considerada muito mais pelo seu cunho artístico, voltada também para a formação de platéia e a apreciação da obra de arte teatral.

Nesse período, na grade curricular, eram ministradas as aulas regulares de Artes Cênicas pelos professores I (de 5ª à 8ª série). Esses professores eram oriundos de áreas de conhecimento diversas, como Geografia, Português e História,[48] além daqueles formados pelas Licenciaturas em Artes Cênicas das universidades, sendo a grande maioria formada pela UNIRIO.

A capacitação desses profissionais era articulada pelo Departamento de Ação Pedagógica (DAP), vinculado ao Departamento Geral de Educação (DGED). Esse Departamento foi responsável pela produção de dois documentos: *Fundamentos para Elaboração do Currículo Básico* e *Sugestões Metodológicas – 2º Segmento – 1º Grau – Educação Artística*,[49] que encaminhavam a proposta curricular da SME. Esses documentos apoiavam o ensino do teatro a turmas de 5ª à 8ª série, propondo uma sistematização de objetivos e conteúdos para o trabalho curricular.

Tais publicações usavam, de forma ainda incipiente, uma listagem de conteúdos e estratégias de ensino para a área de teatro. Essa abordagem apontava o teatro como suporte para o desenvolvimento da criatividade, da expressividade e da sensibilidade e considerava que os conteúdos fundamentais para o ensino dessa linguagem abrangiam, principalmente, os exercícios de sensibilização, de expressão corporal/vocal e percepção espacial, ainda com resquí-

---

[48] Em 04/11/1985, publicação em DO da Portaria n. 120 do E/DGED que dá direito de opção aos professores de outras disciplinas optarem pelo cargo de professor de Artes Cênicas.
[49] Os documentos datam de 1991 e 1992 e foram publicados pela SME.

cios da abordagem da disciplina que liberava, "soltava" e sensibilizava o aluno para as coisas do mundo. Essa linha de pensamento andava na contramão das outras disciplinas, consideradas mais "sérias" ou "nobres", pois priorizava a educação por meio da sensibilidade.

Nos documentos anteriormente citados observamos também apontamentos e indicativos que incluíam os principais elementos do teatro: texto dramatúrgico, criação de personagem, divisão de cenas, figurinos e cenários. Já havia, portanto, um movimento de se considerar o teatro uma área de conhecimento da arte, com conteúdos específicos e com um fazer próprio de sua epistemologia.

Com o passar de alguns meses, ainda no ano de 1994, o Departamento Cultural (DCT), ligado ao DGAC, delegou-nos uma outra tarefa: escrever uma proposta de trabalho, voltado para a arte, que faria parte de um novo projeto, idealizado pela equipe. Tal projeto foi criado para atender aos alunos da Rede interessados em praticar as diferentes linguagens da Arte: teatro, dança, música e artes visuais, fora de seu horário regular da escola, aprofundando conhecimentos e experimentando o mais possível todas as linguagens.

Nascia assim o Programa de Extensão Educacional Núcleo de Arte.

Apresentando os Núcleos de Arte

A princípio, contávamos já com alguns movimentos que se configuravam como um trabalho diferenciado de Arte.

Esses movimentos aconteciam em algumas instituições escolares e, de alguma forma, serviram como inspiração para estabelecer esse Programa de Extensão.

O Programa expandiu-se, sendo criados Núcleos nas diferentes coordenadorias regionais de educação (CREs),[50] tornando-se uma política pública voltada para o trabalho de Arte na Rede.

Houve, a partir daí, investimento na criação de uma estrutura básica para cada Núcleo de Arte quanto às condições necessárias para o trabalho nas linguagens artísticas. Esses Núcleos contariam com salas adequadas e horários compatíveis com a opção dos alunos.

A Unidade de Extensão, até hoje em funcionamento, tem por objetivo ser uma extensão do período do aluno na escola e oferecer oficinas das diferentes linguagens da Arte. São oferecidas também outras atividades paralelas, como excursões culturais, práticas de montagem etc. As oficinas acontecem duas vezes por semana, e o aluno pode fazer quantas oficinas desejar, sendo obrigatório estar matriculado na Rede Pública. Há também vagas em forma de cotas para ex-alunos e para a comunidade.

Quanto aos profissionais que atuam no projeto, são indicados dois coordenadores que cuidam de toda a parte administrativo-pedagógica e são requisitados professores I da SME, nas suas respectivas linguagens de Arte, para atuarem nas oficinas.

---

[50] As Coordenadorias Regionais de Educação, atualmente dez, são organizadas por todo o município do Rio de Janeiro e responsáveis pelas 1.058 escolas da Rede.

Vale ressaltar que, logo no início da construção da proposta do projeto, tivemos diversas consultorias de profissionais ligados à Arte. Um dos consultores fundamentais para esse trabalho foi o professor Renan Tavares (na época, professor da Universidade Federal de São Carlos – UFSCAR), que havia sido um dos dinamizadores dos professores de Artes Cênicas da Rede Pública já há alguns anos e conhecia bem essa realidade.

A consultoria tinha como objetivo orientar a escritura de um documento que apontasse as diretrizes básicas para o trabalho com as linguagens da Arte.

Diante desse novo desafio, ao receber a incumbência de construir as bases filosófico-metodológicas do projeto, referente à área de teatro, deparei-me com a seguinte situação-problema: não havia tempo hábil para desenvolver uma pesquisa prévia diagnóstica ou até mesmo qualquer processo de trabalho construído que tivesse tempo suficiente para elaboração de uma proposta curricular interativa, que correspondesse às reais necessidades e desejos de professores e alunos.

Sendo assim, decidi elaborar uma proposta que fosse abrangente sem me limitar a direcionar a linguagem teatral para uma ou outra vertente. Percebi que o objetivo naquele contexto seria elaborar algo que fosse gradativamente transformado a partir de uma práxis, tendo a consciência de que isso só se daria ao longo do tempo e na experiência viva.

Novas Configurações que Mudam o Cenário

Em 1995, uma nova estruturação da Secretaria de Educação extinguiu o DGAC e o DCT. Os profissionais da equipe foram incorporados ao Departamento Geral de Educação (DGED) e ao Departamento Ação Pedagógica (DAP). Com essa nova configuração foi criado o Projeto Linguagens Artísticas, que abrangia toda a demanda relacionada à área de Arte na Rede.

Mediante essa mudança, sob a responsabilidade direta do DGED, Departamento que cuida do Ensino Fundamental da Rede, o Projeto Núcleo de Arte começa a se tornar uma referência de pesquisa pedagógica do trabalho com Arte, o que se distanciava um pouco da proposta inicial de trabalho de ateliê, que possuía uma forte ideologia calcada no viés das atividades artísticas, sem perfil de estrutura escolar.

A partir daí os Núcleos foram ganhando uma outra dimensão: um trabalho de Arte caminhando como uma estrutura pedagógico-artística, com proposta curricular, embasada na perspectiva do professor-pesquisador que não perderia seu caráter de professor e artista.

Nessa nova estrutura, as oficinas passaram a ter uma carga horária de uma hora e meia cada, ampliando assim as possibilidades de experimentações pelos alunos. Importante também ressaltar que os professores selecionados para o trabalho nos Núcleos tinham como pressuposto básico a obrigatoriedade de reservar um turno determinado exclusivamente para as reuniões de Centro de Estudos, tanto internas nos referidos Núcleos como também reuniões gerais, nas quais todos os professores de todos os Núcleos se encontrariam.

Este fator pode ser considerado um dos mais importantes dentro desse processo. O encontro periódico entre os pares não só promovia discussões ricas, apontando para a construção do conhecimento em cada área específica, como também a possibilidade de se experimentar a interdisciplinaridade e seus possíveis desdobramentos.

ANALISANDO A SITUAÇÃO

Transcorridos os primeiros meses de trabalho, com o projeto em andamento, começaram a ser criados outros Núcleos. Com isso, o número de profissionais envolvidos, bem como o de alunos, foi crescendo rapidamente. Havia, portanto, a necessidade premente de se reavaliar a proposta do documento curricular no sentido de aprofundá-la e, para isso, haveria a necessidade de se partir de uma pesquisa mais concreta.

Quanto ao trabalho com o teatro, meu foco principal nessa equipe, tínhamos algumas questões:

1. Como aprofundar uma disciplina que estava historicamente incipiente e defasada como área de conhecimento?
2. O que nos garantiria que os alunos tivessem passado pela experiência do Teatro em algum período escolar?

3. Qual era o perfil do professor e dos alunos que freqüentavam o Núcleo?

Para que essa pesquisa fosse realizada com o mínimo de base científica, seria necessário um projeto específico que nos desse um retorno desses dados. Nessa perspectiva, o ideal seria fazê-la por meio da Universidade e de seus alunos de Licenciatura ou mesmo em um mestrado nas áreas de educação ou de arte.

Sabemos da defasagem, da carência e da falta de abertura da Universidade para algumas questões. Tratando-se especificamente de teatro, podemos considerar que a discussão sobre a Licenciatura ainda se encontra bastante incipiente.[51] Tivemos de perfazer esse caminho da pesquisa, acreditando em nossas próprias convicções e reflexões.

O perfil do professor ainda era o de educador de escola regular, ou seja, mesmo que este fosse oriundo da área e com uma prática diferenciada da maioria das disciplinas do contexto escolar, o ingresso nesse novo espaço causava um estranhamento que era um misto de euforia e perplexidade. Aquilo tudo que era oferecido era mesmo real?

Portanto, no início, o trabalho deveria ser o de adaptação à filosofia proposta. Outras práticas, metodologias e experimentos começariam a fazer parte do seu repertório pedagógico.

Teríamos uma longa jornada...

Vale traçar aí um paralelo com outras políticas públicas para a Arte: a verba disponível para o Projeto Teatro na Escola

---

[51] A área de concentração em Teatro-Educação no Mestrado e Doutorado em Teatro, na UNIRIO, foi criada no ano de 2000.

foi interrompida, ficando a vertente da apreciação da obra de arte teatral, naquele momento, extremamente prejudicada.

Diante desse quadro, comecei a me dedicar integralmente a este trabalho: coordenar os professores de Teatro, contribuir para as discussões gerais e construir uma proposta curricular voltada para esse programa de extensão.

BUSCANDO UMA PROPOSTA METODOLÓGICA: A ABORDAGEM TRIANGULAR COMO UMA PERSPECTIVA CONCRETA

Ao buscarmos os suportes filosófico-metodológicos, iniciamos nosso trabalho de pesquisa, no nível empírico, procurando saber de que forma outros profissionais desenvolviam seus trabalhos na área do ensino da Arte.

Mais adiante, a equipe do Projeto Linguagens Artísticas, agora com uma equipe interdisciplinar que contemplava todas as áreas de Arte – Teatro, Dança, Música e Artes Visuais[52] –, deu continuidade à trajetória de trabalho, realizando alguns contatos com diversos profissionais e alguns espaços pedagógicos onde o ensino de Arte era alvo de pesquisa

---

[52] Nomenclaturas já apontadas pelos Parâmetros Curriculares Nacionais – PCNs–Arte, 1998-1999.

e discussão. Já tínhamos algum conhecimento de trabalhos nessa área desenvolvidos na USP e no Rio Grande do Sul, ou alguns contatos travados com profissionais diversos que pensavam em sintonia com nossas propostas.

Recebemos então um convite para participar de um seminário na cidade de Montenegro, no Rio Grande do Sul, pela Fundação de Arte (FUNDARTE). Vale ressaltar que essa Fundação já tinha propostas teórico-práticas bastante consolidadas.

Esse seminário pode ser considerado, para nossa equipe de trabalho da época, um dos detonadores do acesso ao conhecimento sistematizado em Arte-Educação. O tema geral do Encontro transitava entre a abordagem triangular proposta pela professora Ana Mae Barbosa e outras abordagens pesquisadas. As vertentes do fazer, do ler e do contextualizar a obra de arte[53] estavam a pleno vapor e eram alvo de acaloradas discussões.

Nesse momento, estávamos exatamente buscando teorias mais sólidas que nos pudessem nortear. Sendo assim, ao voltarmos do seminário, ampliamos nossas pesquisas e reflexões sobre a teoria e a prática do ensino de Arte na escola e especificamente no Projeto Núcleo de Arte. Trouxemos para isso inúmeros textos de diversos autores nacionais e estrangeiros que socializamos com os professores e coordenadores dos Núcleos, desenvolvendo e ampliando nossas discussões pedagógicas.

Mais tarde, em 1998, no Congresso da Federação de Arte Educadores do Brasil (FAEB), em Brasília, levamos para lá nossos depoimentos e questões, dando continuidade a um

---

[53] Pesquisa da professora Ana Mae Barbosa na década de 1980.

processo irreversível de debate sobre os principais conceitos das linguagens da Arte no viés da Arte-Educação. No conjunto geral dos profissionais presentes no congresso, havia também muitos profissionais do Rio de Janeiro que estavam ali buscando seus pares e seu universo epistemológico. Saímos bastante fortalecidos desse evento.

Outros encontros aconteceram e cada vez mais nosso trabalho foi florescendo. Com isso, professores e alunos davam vazão à sua expressividade, criatividade, vigor e pesquisa. Com muita alegria o projeto crescia e oferecia cada vez mais a oportunidade de se conhecer e fruir Arte, como área de conhecimento, e disciplina de conteúdos específicos, próprios e relevantes por si só. Arte não como apêndice e/ou suporte para outros conhecimentos, mas sim Arte no seu sentido amplo, geral e irrestrito. Distante dos clichês e estereótipos dos *trabalhinhos e teatrinhos* escolares, que tiveram seus momentos de processo importante no cenário brasileiro escolar, mas que não cabem mais na contemporaneidade.

Nessa perspectiva de se pensar um trabalho consistente para a Arte, elaboramos, enquanto equipe coordenadora, em conjunto com o coletivo de professores dos Núcleos, um segundo documento que apontava as diretrizes curriculares para o trabalho nos Núcleos.

Os primeiros passos desse documento ficaram calcados em abordar o teatro tanto como uma linguagem artística como também como uma disciplina com conteúdos e conceitos específicos. Já naquela época, procuramos, a partir de algumas discussões, pensar um documento amplo que fugisse da concepção conteudística. O teatro como uma linguagem dinâmica e transformadora que poderia ser oferecido aos alunos como uma área de conhecimento.

Mediante a análise diagnóstica observada no campo, ao percebermos que a maioria dos alunos chegava ao Núcleo sem uma condição prévia de leitura sistematizada para as linguagens da Arte, de maneira geral, decidimos organizar inicialmente nosso trabalho em módulos: módulo básico, módulo de continuidade e prática de montagem.

Essa estratégia metodológica serviu como base para nossa prática diária diante de um trabalho ainda muito novo, como também nos proporcionou certa tranqüilidade para lidarmos com as questões tanto teóricas quanto práticas dos diferentes processos de aprendizagem encontrados no *locus* escolar.

Porém, todo esse processo de trabalho se deu e vem se dando de forma qualitativa devido a alguns fatores que considero essenciais. São eles:

- seleção de professores das linguagens específicas a partir de seu desejo, sua história de vida profissional e seu currículo;
- encontros periódicos semanais e mensais permanentes;
- atualização permanente dos profissionais;
- condições estruturais adequadas tanto para o trabalho cotidiano como também para as inúmeras atividades extra-curriculares que são o tempo todo oferecidas e realizadas pelos Núcleos;
- tempo de duração semanal de aula de pelo menos três horas para cada oficina (uma hora e meia cada);
- autonomia e gestão participativa dos profissionais envolvidos no processo;

- um fio condutor pedagógico integrando os Núcleos em um projeto geral desdobrado em cada unidade, segundo suas características culturais próprias.

Algumas dificuldades ainda existem no programa e poderão ser analisadas posteriormente:

- rotatividade de alunos nas oficinas, o que muitas vezes dificulta a continuidade de alguns trabalhos;
- interrupção de alguns processos por conta das férias escolares ou outros fatores;
- dificuldade ainda presente para a locomoção dos alunos para visitas em outros espaços externos aos Núcleos.

Hoje, mais de dez anos depois de iniciado este processo, considero que a criação do Programa de Extensão Educacional Núcleo de Arte representou um trabalho pioneiro e de vanguarda oriundo de uma política pública voltada para o desenvolvimento pleno do indivíduo, sem fazer distinção de classe e etnia e até mesmo sem priorizar o talento como condição essencial para se aprender e produzir arte.

As reflexões aprofundadas sobre esse encaminhamento que priorizou o aprofundamento das linguagens da arte servirão como posteriores pesquisas.

O Programa de Extensão Educacional Núcleo de Arte vem comprovando, gradativamente, que todos são capazes de ser criadores e criativos. A potencialização, o estímulo e o acesso aos bens culturais e artísticos são fatores essenciais nesse processo. E a garantia do espaço do lúdico, da liberdade, da pesquisa e da busca do conhecimento, unindo fazer, ler e apreciar; aliados a uma infra-estrutura digna e adequada, pode-nos permitir experimentar outros caminhos para a fruição da aprendizagem em arte.

> *Me sinto seguro porque não há razão para me envergonhar por desconhecer algo. Testemunhar a abertura aos outros, a disponibilidade curiosa à vida, a seus desafios, são saberes necessários à prática educativa.*
> Paulo Freire

Documentos de referência

Caminhos das Artes Cênicas – Secretaria Municipal de Educação Prefeitura da Cidade do Rio de Janeiro, 1982
Projeto "Teatro na Escola: A Escola vai ao Teatro e o Teatro vai à Escola". SME, 1994.
Fundamentos para elaboração do Currículo Básico das escolas públicas do Município do Rio de Janeiro. Prefeitura da Cidade do Rio de Janeiro, 1991.
Sugestões Metodológicas – 2º Segmento – 1º Grau – Educação Artística. Prefeitura da Cidade do Rio de Janeiro, 1992.
Proposta Curricular para o Programa de Extensão Núcleo de Arte. SME, 1994.
Proposta Curricular para o Programa de Extensão Educacional Núcleo de Arte – Módulo Básico/Módulo de Continuidade/Prática de Montagem. SME, 1998.
Atualização dos Documentos acima citados – 2005 (a ser publicado).

BIBLIOGRAFIA

ALARCÃO, I. Reflexão crítica sobre o pensamento de D. Schön e os programas de formação de professores. In: ALARCÃO, I. (org.) *Formação reflexiva de professores. Estratégias de supervisão.* Porto: Porto Editora, 1996.

BARBOSA, A. M. *Arte-educação no Brasil. Das origens ao modernismo.* São Paulo: Perpectiva/Secretaria da Cultura, Ciências e Tecnologia do Estado de São Paulo, 1978.

FREIRE, P. *Pedagogia da autonomia.* São Paulo: Paz e Terra, 1997.

PARÂMETROS CURRICULARES NACIONAIS ARTE (PCNs ARTE). Brasília: Ministério da Educação e do Desporto Secretaria de Educação Fundamental, 1997.

PERRENOUD, P. & THURLER, M. G.. *As competências para Ensinar no século XXI:* a formação dos professores e o desejo da avaliação. Porto Alegre: Artmed, 2002.

SANTANA, A. P. *Teatro e formação de professores.* São Luís: EDUFMA, 2000.

SCHON, D. A. Formar professores como profissionais reflexivos. In: NÓVOA, A. (org.) *Os professores e a sua formação.* Lisboa: Nova Enciclopédia. Pub. Dom Quixote, 1995.